대한민국임시정부의 안살림꾼
정정화

대한민국임시정부의
안살림꾼

정정화

| 신명식 지음 |

글을 시작하며

　2005년 8월 대한민국임시정부기념사업회 주관으로 대한민국임시
정부의 유적지를 답사할 기회가 있었다. 11일 동안 상하이上海·항저우
杭州·자싱嘉興·난징南京·광저우廣州·구이린桂林·치장綦江·충칭重慶을 잇는
임시정부와 대가족의 5000km에 달하는 이동 경로를 되짚어 보았다.
2009년 7월 같은 길을 다시 답사할 기회가 생겼다. 4년 전과 다른 점이
있다면 두 번째 답사는 여성 독립운동가 수당 정정화 선생의 눈으로 바
라보고 머리로 이해해 보려 한 것이다. 정정화는 "조국이 무엇인지 모
를 때는 그것을 위해 죽은 사람들을 생각해 보라, 그러면 조국이 무엇인
지 알게 된다"고 하였다. 물론 내 안에 정정화를 완벽하게 받아들이는
것은 불가능한 일이다.

　일제하 많은 여성들은 가부장적 질서 속에서 가장의 결정에 따라 망
명사회의 일원이 됐고 새로운 사회에 적응하는 데 어려움을 겪었다. 그
러나 정정화는 모든 것을 스스로 결정하고 행동에 옮겼다. 나아가 대한
민국임시정부의 활동자금을 마련하기 위해 연통제를 활용해 세 차례나
국내 잠입을 감행하다가 일제 경찰에 체포당하기도 하였다. 목숨을 걸
고 칠흑 같은 밤에 압록강을 쪽배로 건넌 것도 20대 초반의 정정화가

스스로 선택한 길이었다.

그녀가 1920년 상하이로 갔을 때는 단지 며느리로서 시아버지를 모셔야 한다는 생각이었다. 그러나 다양한 학문을 접하고 신문·잡지를 통해 국제정세를 분석하는 능력을 키우면서 자신의 일을 넓혀 나갔다는 점에서 정정화는 한국독립운동사에서 여성의 지위와 역할을 한 단계 발전시켰다는 평가를 받을 만하다.

대한민국임시정부의 망명생활이 길어지면서 대가족을 구성하는 여성들 모두는 자녀들을 미래의 독립운동가로 키우는 것을 본분으로 알았으며 그 중심에 정정화가 있었다. 정정화는 가정에만 머물지 않고 독신으로 사는 원로 독립운동가들의 수발을 자청해서 맡았으며 대한민국임시정부나 광복군에 대소사가 있으면 여성들을 이끌고 책임지고 치렀다. 남편 김의한은 정정화와 매사를 상의해서 처리하였고, 정정화는 운동노선과 대인관계에 대해 적극적인 조언을 아끼지 않았다.

정정화는 천부적으로 겸손함과 근면성을 갖추었으며, 주위 사람을 이해하고 포용하는 데 뛰어난 능력을 가지고 있었다. 고단한 피난살이 속에서도 대가족이 공동생활을 유지할 수 있었던 것은 정정화와 같은 '종부'가 있었기 때문일 것이다.

이런 점에서 '대한민국임시정부의 절반을 떠받친 여성'의 앞자리에 정정화를 앉히는 데 전혀 무리가 없을 것이다.

또한 우리는 대한민국임시정부와 대가족들이 일본군의 야만적인 공습 속에서 어떻게 목숨을 지켰는지, 하루하루 끼니를 어떻게 해결하였는지, 피난살이 속에서도 2세들을 어떻게 키웠는지, 대가족이 어떻게 큰 잡음 없이 공동생활을 할 수 있었는지를 정정화의 삶을 통하여 생생하게 읽을 수 있다.

정정화·김의한 부부의 삶에서 특히 주목해야 할 것은 통일단결의 정신이다. 두 부부는 중국 관내의 몇 명 되지 않는 한인세력조차 이리 갈리고 저리 찢겨서 이렇다 할 중심세력 없이 국제사회에서 인정받지 못하는 것이 안타까웠다. 이들은 중국 관내와 옌안延安의 독립운동세력이 좌우이념을 뛰어넘어 하나로 합치기를 갈망하였다. 정정화 부부는 시종일관 김구와 정치노선을 함께 하였지만 당파를 달리하는 김규식·최석순 가족과도 친하게 지냈고, 한국독립당 일부 인사들이 의심의 눈초리를 거두지 않았던 김원봉도 편견 없이 대하였다.

정정화가 좌우통합을 바라보는 관점은 일견 평범하고 소박한 것 같지만 사실은 사람에 대한 이해와 국제정세에 대한 폭넓은 식견에서 나온 것이었다. 김의한이 좌우통합을 추진하는 김구를 지지하고, 이를 반대하는 한국독립당 내 보수인사들과 의견을 달리할 때 정정화가 큰 힘이 되어 주었다.

정정화 부부가 해방 후에도 남한만의 단독정부 수립을 반대하고, 정정화가 이승만 정부가 제의한 도지사급 감찰위원 자리를 거절한 것도 당연한 선택이었다.

일제로부터 해방된 조국에서도 정정화의 삶은 고난의 연속이었다. 그래도 자식을 올곧게 키웠고, 후손들은 대를 이어 민족과 나라를 사랑하는 삶을 실천하였다. 1982년 정부는 정정화에게 건국훈장 5등급에 해당하는 애족장을 수여하였다. 하지만 정정화가 민족해방운동 과정에서 수행한 역할에 비하면 인색한 평가가 아닐 수 없다.

조국에 대한 헌신과 이웃에 대한 배려로 집약할 수 있는 정정화의 참된 가치는 1987년 2월 자신의 일대기를 구술하여 펴낸 『녹두꽃』에 고스란히 남아 있다. 이 책은 대한민국임시정부 초기에 운영됐던 연통제의 구체적 운영 실태를 규명하고, 윤봉길 의거 이후 대한민국임시정부가 감내한 8년에 걸친 대장정의 실상을 온전하게 복원하며, 상하이와 충칭에 거주한 독립운동가들의 생활상을 밝히는 데 꼭 필요한 문화기록유산이다.

정정화는 1991년 11월 2일 운명해 대전 현충원 애국지사 묘역에 안장되었다. 그녀가 사망하기 직전인 1990년 대한민국 정부는 6·25전쟁 때 납북되어 평양에서 사망한 남편 김의한에게 건국훈장 3등급에 해당하는 독립장을 추서하였다.

그녀의 삶은 사망한 후에도 많은 사람에게 회자되고 감동을 주고 있다. 1998년 8월 『녹두꽃』을 보완한 『장강일기長江日記』가 출판되었다. 2001년 8월에는 국가보훈처는 정정화를 '8월의 독립운동가'로 선정하였으며, 독립기념관은 한 달 동안 정정화와 관련한 별도 전시실을 운영하였다.

1998년 8월 극단 민예는 극단 창립 25주년 겸 건국 50주년 기념공연으로 정정화의 일대기를 다룬 연극 「아, 정정화」를 연강홀에서 초연하였다. 2001년 8~9월에는 극단 독립극장이 「아, 정정화」를 「치마」로 제목을 바꾸어 서울 대학로 문예회관 대극장에서 공연하였다. 2002년 8월 극단 독립극장은 일본의 도쿄東京와 오사카大阪에서도 「치마」를 공연하였다. 510석의 공연장이 4회 모두 만석을 이룰 만큼 성황이었다. 정정화의 삶은 공연이 끝난 다음 민단과 조총련계 모두가 출연진을 격려할 정도로 좌우이념을 초월하는 것이었다. 2005년 10월에는 극단 독립극장이 「장강일기」라는 이름으로 세미 뮤지컬을 만들어 국립극장 달오름극장에서 공연하였다.

정정화의 삶에서 가장 뛰어난 점은 조국과 인간에 대한 진정한 헌신과 배려가 무엇인지를 보여준다는 것이다. 평생 한번도 다른 사람을 힘들게 하거나 마음을 상하게 하지 않고 산다는 것이 정말 가능한 일인가? 우리는 정정화 삶을 통해 그 해답을 얻을 수 있다.

김의한·정정화 부부의 외아들인 김자동 선생의 도움이 없었다면 정정화의 삶을 이만큼이라도 그려내기 힘들었을 것이다. 김자동 선생은 어머니에 대해 필자에게 많은 이야기를 들려주었고, 원고를 꼼꼼하게 검토하며 그 시대를 직접 목격하지 않으면 알 수 없는 부분들에 대해 많은 지적을 해주었다.

2010년 8월

신 명 식

차
례

1
'양대 판서댁'의 딸로 태어나다

　1900년 8월 3일 서울 종로구 장사동 '양대 판서댁'에 한 여자아이가 태어났다. 초명은 정묘희鄭妙喜였으며, 후일 정정화鄭靖和로 개명하였다. 어렸을 때 매운 것을 전혀 못먹어서 유모가 백김치를 따로 담글 정도로 귀하게 자랐지만 성인이 되어 그녀가 스스로 선택한 삶은 맵고도 고달팠다.

　정정화의 아버지 정주영鄭周永은 무과에 급제한 후 전라우도 수군절도사·경상좌도 병마절도사·병조참판 등을 거쳐 경상북도·경기도·충청남도의 관찰사를 역임하였다. 본관은 연일延日이다. 정주영은 부인 이인화와의 사이에 장남인 정두화鄭斗和를 두었으며, 부인 김주현金周鉉과의 사이에 봉화(남)와 묘희·대희(훗날 숙화로 개명) 1남 2녀를 두었다. 정정화 위로 언니 둘이 더 있었지만 일찍 시집을 갔다. 정정화의 기억 속에 어머니 김씨는 끔찍이도 고운 성품이었다는 것뿐 손톱만큼의 허물도 끄집어낼 수가 없는 어질고 선한 어머니였다. 정정화는 이웃들이 어머니를 '생불'이라고 불렀다고 하였다.

정정화의 할아버지 정낙용鄭洛鎔은 1855년 4월 무과에 1위로 급제하였으며, 1879년 1월 삼도수군통제사를 거쳐 1883년 4월 병조참판에 올랐다. 1886년 3월 공조판서에 오른 이래 형조판서·한성판윤·농상공부대신을 역임하였으며 1904년 전에 모든 관직에서 물러났다. 한일합병 후 정낙용—정주영—정두화 3대가 일본으로부터 남작 작위를 받고 이를 이어받았지만 귀족 신분을 이용해서 식민통치에 적극 협조하였다는 기록은 특별히 없다. 1939년 정두화가 사망한 후에는 그 후손들이 습작을 신청하지 않아 일본 귀족 신분을 스스로 버렸다.

정정화는 『장강일기』에서 "당시(1910년) 할아버지는 84세로 이미 시청 능력을 잃고 있는 상태였으므로 4년 후 88세로 세상을 떠날 때까지 작위를 받은 사실은 제쳐두고라도 나라가 망한 것도 모르고 지냈다"고 밝혔다.

10살에 동갑내기와 결혼

정정화의 아버지는 영특한 정정화를 유난히 귀여워하였지만 공부를 시키려 하지는 않았다. 정정화는 여섯 살 때 오빠를 따라 몰래 서당에 다니며 『천자문』을 떼었다. 하지만 이를 안 아버지가 다시는 서당 근처에 가지 못하게 하였다. 그래도 결혼 전에 『소학』까지 익혀 신문을 읽을 정도의 실력을 갖췄다. 1910년 만 10세의 어린 나이에 동갑인 김의한金毅漢과 혼례를 치렀다. 김의한의 아버지는 공조판서·농상공부대신을 지낸 김가진金嘉鎭이다. 두 집안 모두 조선 중기 이후 권력을 독점하였던 노

| 백운장 옛터의 암각문

    론이다. 정정화와 김의한이 결혼하던 해 김가진의 나이는 예순다섯, 시어머니 이씨는 서른셋이었다. 첫째 시동생 용한勇漢은 여덟 살이었고, 시누이 정원靜媛은 한 살이었으며, 시동생 각한珏漢과 시누이 영원令媛은 결혼 이후 태어났다.

    정정화가 결혼해서 들어간 시댁은 서울 북부北部 백운동 20통 1호 백운장白雲莊이다. 백운장은 서울에서 으뜸가는 주택으로 1만여 평의 숲이 집을 둘러싸고 있었다. 1904년 고종의 두터운 신임을 얻고 있던 김가진은 창덕궁의 후원을 중수하는 책임을 담당하였다. 공사는 만능 예술가인 오세창吳世昌이 맡았다. 후원 중수가 끝난 후 고종은 김가진의 사가가 초라하다는 것을 알고 남은 자재를 사용해 오세창의 감리로 인왕산 기슭에 백운장을 짓도록 하였다. 백운장은 한일합병 후 일본인과 소유권 분쟁이 벌어졌는데 재판 도중 김가진이 망명하면서 일본인 소유로 넘어갔다.

당시 조혼 풍습으로도 어린 나이인 만 열 살에 정정화가 구한말 대신을 지낸 안동 김씨 가문의 맏며느리 노릇을 한다는 것은 가당치 않았다. 동갑내기 남편과 몇 년 동안 부부라기보다는 '소꿉친구' 사이였다. 시댁 친척 중에 남편 또래의 조카들이 있어 철없이 그들과 어울리기도 하였다.

인왕산에 호랑이가 살던 시절이다. 정정화가 어느 날 새벽 마당에 나가보니 호랑이가 백운장 안으로 들어와 있었다. 보통 아이들 같으면 크게 놀라 어쩔 줄 몰랐겠지만 정정화는 가만히 앉아서 호랑이를 지켜보았다. 어른이 되어 '온 몸이 담'이라는 이야기를 들었던 그녀는 이처럼 어렸을 때부터 담대하고 침착한 기질이 남달랐다.

국제정세에 밝았던 동농 김가진 | 김가진은 1846년 당시 안동부사였던 김응균의 차남으로 태어났으나 이른바 서얼이었다. 과거 응시가 불가능한 서얼 출신들과 어울리며 세월을 보내던 그는 1877년(고종 14년) 11월 규장각 검서관에 진출하였다. 그리고 조선이 1884년 갑신정변 이후 적서차별을 타파하자 과거에 응시하여 1886년 마흔이 넘은 나이에 문과에 급제하였다. 김가진은 1887년 5월부터 4년간 주차駐箚 일본공사관의 참찬관과 공사로

일본에 상주하였다. 이때 한·청·일 동양3국이 동등하게 번영과 평등을 누리자는 이른바 '삼국공영론'을 받아들였으며 일본을 조선 근대화의 모델로 생각하였다. 김가진은 중국어와 일본어에 능통하였으며, 영어로도 어느 정도 의사소통을 할 수 있었다. 1880년대와 1890년 초 조선을 방문한 영국의 여행가 새비지 랜도어가 쓴 『고요한 아침의 나라 조선』에 보면 "(김가진과) 어느 정도 의사소통도 됐다"고 쓰여있다. 또한 개화파와 친하였으며 글씨도 잘 썼다. 1897년 독립협회가 세운 독립문의 한자와 한글 글씨가 모두 김가진의 작품이다.

김가진은 1894년 공조판서에 올랐고, 1895년 농상공부 대신, 1900년 중추원 의장, 1904년 다시 농상공부 대신, 1906년 5월부터 다음 해 5월까지 충청남도 관찰사를 지냈다. 1908년 9월 규장각 제학을 끝으로 관직에서 물러났다. 조선왕조에서 서얼 출신으로 종일품에 오른 이는 김가진이 처음이다. 1909년에는 대한협회 회장을 맡았다. 한일합병 후 일제는 김가진에게 남작 작위와 함께 은사공채 2만 5000원을 지급하였다. 은사공채의 연간 이자 1250원은 당시 경제수준에서 적은 돈이 아니었다. 그러나 정정화가 "내가 시집온 후 시댁은 생활형편이 날로 영락해졌으며, 기미년에는 체부동의 작은 집으로 옮겼다"고 회고한 것을 보면 김가진은 은사공채의 혜택을 외면한 것으로 보인다.

김의한은 가숙에서 한학을 공부하다 1914년에 매동소학교에 입학해 신학문을 배우기 시작하였으며 1917년 중동중학교에 들어갔다. 이와 달리 정정화는 매서운 시집살이를 견뎌내야만 하였다. 신학문을 배우는 남편을 통해 세상 돌아가는 이야기를 듣는 게 유일한 낙이었다. 남편은 제1차 세계대전이 끝났다는 것과 많은 나라들이 전후에 독립을 하였으며 조선민족도 독립을 얻을지 모른다는 이야기를 들려주었다. 세상 일과 담을 쌓고 있었지만 이렇게라도 세상 돌아가는 일을 알 수 있는 게 퍽 다행이었다.

친정할아버지 정낙용이 1914년 2월 사망한 후 3년상이 끝나자 친정은 충남 예산으로 낙향하였다. 아버지 정주영이 1905년 수원유수를 마지막으로 벼슬 자리를 떠났지만 정씨 일가는 예산에서 '양대 판서집'으로 불리며 상당한 재력을 보유하고 있었다. 1930년 말 무렵 일제가 조사한 자료에 따르면 정씨 집안이 보유한 토지는 논 125정보, 밭 26정보, 기타 3정보 등 합계 154정보로 46만 2000평에 달하였다. 실제 만석 추수에는 못미쳐도 '만석꾼' 소리를 들을만한 규모였다.

친정은 낙향하였지만 18년 연상의 큰오빠 정두화는 정정화에게 든든한 버팀목이 되어 주었다. 정두화는 비록 신식교육을 받은 적은 없지만 개화파 인사들과 교류하며 예산과 서울에서 사업을 하고 있었다. 오빠는 시댁에 자주 들러 시아버지와 긴 이야기를 나누곤 하였다.

김가진은 경술국치 이후 망국의 전직 대신으로서 거의 집안에 칩거하며 비통한 나날을 보내고 있었다. 그래도 어린 며느리를 다정하고 따스하게 대해 주었다. 1919년 3·1운동은 칠십이 넘은 고령의 김가진에게 활기를 되찾아주었다. 오랜 은둔생활을 털어낸 김가진은 그 무렵 호서은행湖西銀行 취체역으로 있던 정두화, 일진회 총무를 지냈던 전협全協 등과 수시로 만났다. 1919년 결성된 조선독립을 추구하는 비밀결사 중에서 가장 큰 규모에 속하는 조선민족대동단은 최익환·권헌복·권태

從一品勳三等前任法部大臣
金嘉鎭年六十姓東人號東農

| 대례복 차림의 동농 김가진

석·정남용 등이 발기하였다. 그 해 5월 대표 40여 명이 모여 결성식을 마친 대동단은 김가진을 총재로 추대하였고, 김가진은 기꺼이 이를 승낙하였다. 전협·정두화·권태석·장현식 등이 조직의 활동자금을 댔다.

일제는 대동단의 실체를 정확하게 파악하지는 못하였지만 김가진의 동향을 예의 주시하고 있었다. 당시 조선군 참모부의 정보보고에 따르면 일제는 김가진·이재곤(자작)·권중혁(자작)·민영달 등 조선의 유력자 20명 이상이 5월 23일에 「독립선언서」를 배포할 계획이 있다는 정보를 입수하고 이들을 감시하고 있었다.

그 해 5월 하순 3·1만세운동의 열기가 일시 수그러지자 대동단은 투쟁의 열기를 유지하기 위하여 '시국을 관망하는 공론자에게 경고함'이라는 장문의 격문 1000장을 인쇄하였으며, '등교학생 제군에게'라는 호소문 60장을 만들어 민가에 투입하거나 특정인물에게 전달하였다. 특히 인쇄기를 구입해서 영동활판소를 차려놓고 고종의 탄생일인 8월 10일(음력 7월 15일)에 맞춰 『대동신보大同申報』라는 기관지를 발간하였다. 기사 초고는 정남용이 쓰고, 김가진과 전협이 문장을 다듬었다. 강령을 정비해 조선의 영원한 독립, 세계의 영원한 평화, 사회주의의 철저한 실행

大同團宣言

半萬年歷史의 權威와 二千萬民衆의 誠衷을 仗하야 我國家의 獨立國임과 我民族의 自由民임을 天下萬國에 宣言하며 且證言하노라 檀域靑邱는 非人之奴隷許지내며 子孫萬代로 運當善全하야 永有生存키하려거든 五千年神聖歷史와 二千萬禮義民族과 五百年皇皇宗社를 ...

... 起한人道之正情이며世界改造의 大機運에 順應並進하기爲하야 此를 提起함이니 是는 天의 明命이며 時代의 大勢며 全人類共存同生權의 正當한 發動이라 天下何物이던지 此를 沮止抑制치못할지니라 ...

... 吾等이 慈에 奮起하도다 良心이 我와 同存하며 眞理가 我와 幷進하는도다 ... 正義의 軍이며 人道의 干戈로써 護援하는 今日 吾人은 進하야 取하매 ...

... 最後의 一人까지 最後의 一刻까지 民族의 正當한 意思를 快히 發表하라 ...

... 一切의 行動은 가장 秩序를 尊重하야 吾人의 主張과 態度로 하야금 어대까지던지 光明正大하게 하라 하노라

大韓民國元年十月   日

申菜澈   吳世悳
魯弘鈺   李直鉉
鄭義南   羅昌憲
白初月
崔益九   趙桐九
李冊   金嘉鎭   全协   楊槇
                      金益夏   鄭鳳教
                      申道安   李信愛
                      李謙容
                      李冑孔
                      金商說   田相武
                      李種春   金世益
                      蔣逸張   朴貞善
                      李冑孔   申泰鍊
          金宏鎭
          廉光錄
          鄭奎植

을 내걸었다. 사회주의 실행이라는 강령 채택은 러시아혁명 이후 피압박민족의 해방이라는 세계사적 흐름을 반영한 것이었다. 당시 전협·최익환·권태석 등은 나름대로 사회주의에 대해 이해가 있었하고 있었다.

대동단 활동이 계속되면서 일제의 체포망에 걸려드는 조직원이 늘어났다. 대동단 수뇌부는 본부를 상하이로 옮기기로 결정하고 대한민국임시정부 내무총장 안창호安昌浩에게 도움을 요청하였다. 안창호는 승려이자 연통제 요원인 이종욱을 보내 환영의 뜻을 전하였다.

2
시아버지를 모시기 위해 상하이 망명

열대여섯 살부터 시작된 시집살이는 무척 고달팠다. 정정화는 1919년 여름 첫딸을 얻었으나 바로 잃고 말았다. 아이를 잃은 슬픔이 가시기도 전에 감당하기 버거운 사건이 일어났다. 1919년 10월 김가진은 아들 의한을 데리고 망명을 결행한 것이다. 김가진과 의친왕 이강은 사돈을 맺기로 약속한 돈독한 사이였다. 애초 이강과 동행하려 하였으나 그가 애첩 금화를 동행하려 해서 차질이 생기고 말았다. 김가진 부자는 이종욱의 안내로 일산역에서 기차를 타고 경의선을 따라 신의주로 갔다. 김가진은 열차 안에서 시 두 수를 남겼는데, 새로운 길을 찾아 떠나는 포부와 기개가 엿보인다.

나라도 임금도 망하고 사직도 기울어졌는데	國破君亡社稷傾
부끄러움 안고 여태 살았구나	包羞忍死至今生
늙은 이 몸이지만 아직도 하늘을 뚫을 듯이 남아	老身尚有沖霄志
단숨에 높이 날아 만 리 길을 떠나가네.	一擧雄飛萬里行

민국의 존망 앞에 어찌 이 한 몸 돌보랴　　　　民國存亡敢顧身

천라지망 경계망을 귀신같이 벗어났네　　　　　天羅地網脫如神

누가 알아보랴 삼등객실 안에　　　　　　　　誰知三等車中客

누더기 걸친 이 늙은이가 옛적의 대신인 것을.　　破笠敝衣舊大臣

대한민국임시정부에서 국로(國老)로 예우

압록강을 건넌 망명객 일행은 중국 땅 안동현安東縣에 도착해 대한민국임시정부 안동교통국이 설치된 이륭양행怡隆洋行을 찾았다. 안동은 압록강을 사이에 두고 신의주와 인접한 도시로, 지금은 단둥이라고 부른다. 이륭양행의 대표는 영국의 식민지인 아일랜드 출신으로, 일본인 여성과 결혼한 조지 루이스 쇼George Lewis Shaw였다. 쇼의 아버지와 아들도 일본인 여성과 결혼하였다. 무역과 선박업을 하던 그는 상하이로 망명하는 사람들에게 교통편을 제공하거나, 만주의 독립운동가를 위해 무기 수송, 대한민국임시정부의 비밀문서 전달, 은신처 제공 같은 위험한 일을 마다하지 않았다. 의열단은 국내에 반입할 대량의 무기를 이륭양행에 은닉하기도 하였다. 김가진 일행은 이륭양행이 운영하는 선박을 타고 10월 30일 상하이에 도착하였다. 마음먹기에 따라서 일제하에서도 영화를 누릴 수 있었던 김가진이 독립운동을 위해 상하이로 망명한 사건은 지배자와 피지배자 모두에게 충격을 주었다.

1910년 무렵 상하이에 거주하는 한인은 50명 정도였지만 점차 늘어나 1917년 6월 무렵에는 300명에 달하였다. 1843년 개항한 이래 상하

| 김의한 · 정정화 부부

이는 날로 커져 1910년에는 인구가 130만 명을 육박하고 있었다. 영국과 미국 조계, 이 둘이 합쳐진 공공조계, 프랑스 조계가 설치되면서 상하이는 서양문물을 받아들이는 통로 역할을 하였다. 상하이는 한인 독립운동가들이 국제정세를 파악하는 한편 은신처를 구할 수 있는 유리한 조건을 갖추고 있었다.

3·1운동 이전에 정치적 망명이나 유학, 가족을 따라 이주하는 형태 등으로 상하이에 온 사람 중에는 훗날 독립운동사에 이름을 남긴 사람이 많다. 신규식·민필호(1911), 임의탁·정인보·박은식朴殷植·신채호·김규식·조성환(1913), 조소앙(1915), 여운형·양우조·김홍서(1916), 서병호(1918), 손정도(1919) 등이 대표적 인물이다.

3·1운동 직후인 1919년 4월에는 홍진洪震과 김두봉金枓奉이 상하이로 왔다. 김구 일행 15명도 안동에서 이륭양행 배를 타고 1919년 4월에 상하이로 왔다. 1920년 6월 조선총독부 경무국장이 외무차관에게 보낸 보고에 따르면 1920년 3월 현재 상하이에 거주하는 한인은 700명이었다. 이 가운데 400명이 일제의 표현에 따르면 '독립을 동경하는 무직 무리'였다.

구한국에서 대신을 지냈고, 일제가 귀족 작위까지 주면서 회유하려 한 김가진이 대한민국임시정부를 지지하며 망명을 결행하자 국제사회가 큰 관심을 보였다. 그의 망명 사실은 영자지 『차이나프레스』와 중국지 『신문보新聞報』·『신보申報』 등이 대대적으로 보도하였다. 김가진은 『대륙보大陸報』 기자와 가진 인터뷰에 이렇게 밝혔다.

"한국 사람 중에 어떤 계급이나 어떤 부분도 독립을 요구하지 않는

자가 없다. …… 이 결심은 최후의 1인이 생존할 때까지 변하지 않을 것이다."

처음에 대한민국임시정부 안에는 김가진이 의친왕을 내세워 복벽운동을 하는 게 아닌가 의심하는 사람도 있었다. 그러나 김가진은 12월 3일 의친왕 망명의 배후를 듣기 위해 방문한 『독립신문』 기자에게 해명하였다.

"고종은 일본인에게 독살을 당하였으며, 대한민국임시정부가 의친왕을 수령으로 삼는다는 것은 무지한 자의 말일 뿐 의친왕은 고종과 명성황후 그리고 조국의 원수와 싸우기 위하여 탈출하려 하였다."

대한민국임시정부는 김가진을 원로로서 예우하였다. 대한민국임시정부 국무원이 1920년 1월 14일 재야 유지 20여 명을 식당으로 초대하였는데 이동휘李東輝 국무총리가 주인 측으로, 김가진·박은식·남형우南亨祐 등이 주빈으로 참석하였다. 1920년 3월 대한민국임시정부 수립 후 처음으로 대한독립선언 기념식이 상해거류민단 주최로 징안쓰루靜安寺路 올림픽대극장에서 열렸다. 3월 4일자 『독립신문』은 김가진·박은식 '양兩 국로國老'가 참석하였다고 표현해서 예우를 다하였다. 1921년 3월 대한독립선언 2주년 기념식에도 김가진은 단상에 앉았다.

김가진의 활동에 부담을 가진 일제는 그의 동향을 감시하는 한편 귀국 공작을 벌였다. 김구는 1919년 9월부터 1922년 9월까지 대한민국임시정부의 경무국장으로 활동하며 스파이 여럿을 찾아내 처단하는데, 『백범일지』에 다음과 같이 밝히고 있다.

왜 총독은 남작이 독립운동에 참가한 것은 일본의 수치라 생각하여 동농 며느리의 사촌오빠(실제로는 팔촌오빠)가 되는 정필화를 비밀리에 파견하여, 동농 선생에게 은밀히 귀국을 종용하였다. 이것을 알아차린 경무부에서 정필화를 비밀리에 검거하여 심문하니, 그가 사실을 낱낱이 자백하므로 교수형에 처하였다.

김가진의 망명이 성공한 후 대동단은 곧이어 의친왕 이강의 망명을 추진하였다. 하지만 이강은 1919년 11월 11일 안동현에서 일제 경찰에 체포되었다. 이 사건으로 대동단의 조직이 드러나 전협을 비롯한 대동단 간부 대부분이 체포되었다. 정정화의 오빠 정두화도 투옥되었다. 남은 대동단원들은 좁혀 오는 포위망을 피하느니 장렬하게 항거하기로 하고 11월 28일 서울 안국동 네거리에서 만세시위를 벌였다. 1920년 3월 6일 김가진은 대동단 총재 명의로 대동단 본부를 상하이로 옮긴다는 성명을 발표하였다. 1920년 12월 대동단 관련자 36명에 대한 판결이 내려졌다. 30여 명이 옥고를 치렀으며, 단장 전협은 8년형을 선고받고 복역하던 중 만기출소 8개월을 앞두고 옥사하였다.

조선 최대 지주의 한 명이었던 장현식張鉉植은 사립 중앙고등보통학교를 설립하여 인재 양성에 힘쓴 인물이다. 장현식도 대동단이 기관지를 인쇄하는데 필요한 인쇄기 구입자금 3000원을 제공하여 보안법 위반으로 징역 1년, 집행유예 2년을 선고받았다. 그는 1939~1940년에 조선어사전 편찬사업을 펼치는 조선어학회에 3000원을 제공하여 다시 체포되었다. 많은 토지를 육영사업과 독립운동에 기부해서 해방 후 농지개혁 때 그의 수중에 남은 토지가 많지 않았다고 한다.

정두화는 대동단 재정부장을 맡고, 운영자금 3만 원을 제공하였지만 남작의 아들이 독립운동에 가담하였다는 사실을 공개하고 싶지 않았던 일제가 사건을 축소하였다는 증언이 있다. 다만 일제 문서에는 1918년 9월 중순 전협은 경성에서 남작 정주영의 아들 정두화에게 금金 1만 엔의 조달을 요구하였으나 거절당하고, 생활비 기타 1000여 엔을 증여받았다고 기록되어 있다. 정두화는 1920년 6월 28일 예심재판을 받고 면소 방면되었다.

이런 고초를 겪었음에도 정주영·정두화 부자는 이후에도 김가진에게 여러 차례 재정적 도움을 주었다. 정두화는 1910년대 후반부터 1930년대 초까지 충남상업주식회사 감사, 호서은행 취체역 이사, 대성무역주식회사 이사, 조선제사朝鮮製絲주식회사 이사 등을 역임하며 상당한 재력을 유지하였다.

1920년대에 상하이는 세계 열강과 접촉할 수 있다는 이점 때문에 애국계몽계열의 독립운동가들이 집결하는 곳이었다. 일제의 기록에 따르면 1919년 말 무렵 상하이에 거주하던 한인은 남자 362명과 여자 326명을 합쳐 688명이었으며 109세대를 이루고 있었다. 민족주의·공산주의·무정부주의 등 다양한 이념적 성향을 가진 사람들이 참여한 대한민국임시정부는 제한적이지만 좌우익 통일전선정부의 성격을 갖고 있었다.

대한민국임시정부에서는 초기부터 안창호로 대표되는 실력양성준비론, 미국을 배경으로 삼은 이승만의 외교론, 러시아의 지원을 받아 시베

| 상하이 대한민국임시정부 청사

리아와 만주에서 무장투쟁을 벌이려는 이동휘의 독립전쟁론이 대립하
였다. 조선군 참모부의 정보보고 문건(『조특보朝特報』 제76호, 1919. 11. 13)
은 3개파의 동향을 전하면서 '김가진이 와서 (이동휘의) 기세를 올려주
고 있다'고 하였다. 이를 보아도 김가진은 망명 초기부터 무장투쟁을 적
극 지지하였던 것으로 보인다.

　1920년 김가진은 상하이를 떠나 만주로 가려고 하였다. 만주에는 일
가뻘인 김좌진金佐鎭이 북로군정서 총사령으로 있었다. 김가진이 편지를
보내 김가진 일행을 초청하였기 때문이다. 하지만 먼 길을 가기에는 김
가진의 건강도 좋지 않았고 여비도 없었다.

1919년 10월 말. 남편이 시아버지를 모시고 집을 나간지 며칠이 지나도록 소식이 없었다. 자주 드나들던 큰오빠의 발길도 뚝 끊겼다. 시어머니는 바깥일이 바빠서 그럴 거라며 안심을 시켰지만 불안한 마음을 떨쳐내지 못하였다.

어느 날 시어머니가 신문 한 장을 건네면서 읽어 보라고 하였다. 예전에 없었던 일이라 의아해하면서 신문을 펼치자 시아버지의 망명 소식이 실려 있었다. 두 사람이 무사하다는 것이 그저 다행스럽고 고마울 뿐이었다.

첫딸을 잃은 충격이 채 가시기도 전에 시아버지와 남편이 상하이로 떠났고, 큰오빠도 투옥되었다. 이런 엄청난 일들이 모두 정정화의 10대에 일어났다. 어떻게 처신하여야 할지 도무지 알 수 없었다.

1919년이 가고 새해가 왔다. 시집살이는 다소 누그러졌지만 마음 한 구석에서는 변화가 일어나고 있었다. 무엇인가 내 길을 찾아야겠다는 거센 욕구가 용솟음치고 있음을 느낄 수 있었다. 긴 고민 끝에 상하이로 가서 시아버지를 뒷바라지하는 것이 며느리의 도리이며 책임이라는 결론을 내렸다. 낙천적이며 겁이 없는 성격이 이런 엄청난 결심을 하게 하였다. 생각을 할 때는 신중하지만 일단 결심을 하면 거침없이 밀고 나가는 것이 정정화의 성격이었다.

1920년 1월 초 새벽 일찍 일어나 서둘러 집안일을 끝내고 시어머니를 찾았다. 방문고리를 잡을 때 일순 흔들렸던 결심을 잡아채기라도 하듯 거두절미하고 용건부터 꺼냈다.

| 친정 어머니와 시댁 식구들(앞줄 왼쪽 두번째가 친정 어머니)

"어머님, 친정엘 좀 다녀왔으면 합니다."

평소와 달리 머뭇거림이 없는 며느리의 태도에 잠시 의아해하는 표정을 짓던 시어머니는 쉽게 청을 들어 주었다. 마지막이 될지 모르는 큰절을 올리고 집을 나온 정정화는 정두화의 옥바라지를 위해 서울 친척집에 올라와 있던 친정아버지를 찾아갔다.

아버지는 늘 '예쁘고 영리한 것'이라고 부르던 딸이 찾아오자 반갑게 맞아 주었다.

"아버님, 제가 상해에 가서 시아버님을 모시면 어떨까요? 제가 시댁에 남아있는 것보다는 시아버님 곁에서 시중을 들어드리는 것이 나을

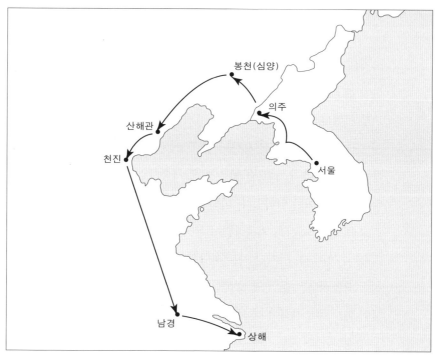

것 같아요."

"네 시아버지께서 여생을 편히 지내시고자 해서 상해로 가신 건 결코 아니다. 상해 생활은 여기와는 천양지차로 다르다. 독립운동은 둘째치고라도 우선 먹는 것, 입는 것에서부터 어려움이 클 것이다. 더구나 위험한 곳이고. 그러나 생활이 힘들고 위험하다는 이유로 너를 막을 생각은 추호도 없다. 다만 섣불리 먹은 마음이 중도에 유야무야될까봐 그것이 근심스러워 이르는 말이다."

"그 일이라면 염려하시지 않아도 될 듯싶습니다, 아버님."

흐리멍텅해서도 안 되고, 안이하게 여겨도 안 될 일이라고 재차 딸의 다짐을 받은 아버지는 시아버지에게 전하라며 거금 800원을 내주었다. 마침 팔촌오빠뻘인 정필화가 서울에 와 있어서 상하이까지 안내를 맡기기로 하였다.

그 길로 바로 시동생 용한의 집으로 가서 동서에게 뜻을 밝혔다. 이부자리 한 채와 옷가지 몇 벌을 얻어 서울역으로 달려갔다. 이 모든 게 하루 만에 일어난 일이었다. 이날 밤 어둠이 깔린 역에는 정필화가 기다리고 있었다. 매서운 겨울바람이 온 몸을 휘감았지만 무사히 목적지까지 갈 수 있을까, 남기고 가는 사람들에게 아무런 일이 없을까, 이런 걱정이나 두려움은 없었다. 오히려 앞으로 벌어질 일과 만날 사람들의 얼굴이 떠오르며 결심이 더 굳어지고 있었다.

정정화를 태운 밤기차는 의주를 향하여 달렸다. 양대 판서집의 귀여운 딸, 판서집의 며느리, 숨통이 끊어진 망국의 여인에서 벗어나 새로운 세상에 발을 내디디는 순간이었다. 독립운동에 투신한 많은 여성들이 그러했던 것처럼 가부장의 결정에 따르는 수동적인 것이 아니라 정정화 스스로 선택한 길이었다.

의주에서 만주 펑톈奉天으로 가려면 기차를 갈아타고 압록강 철교를 넘어야 하였다. 정필화가 여행증명서를 얻어와 압록강을 건넜다. 펑톈에 있는 정필화의 집에서 하루를 묵은 후 산하이관山海關·톈진天津·난징南京에서 세 번이나 기차를 갈아타고 일주일 만에 상하이 자베이잔閘北站에 도착하였다.

1월 중순 아침 상하이에서 무턱대고 조선 사람이 사는 곳을 찾아다녔는데 운 좋게 대한민국임시정부 임시의정원의 의장인 손정도孫貞道의 집에 들어섰다. 자초지종을 이야기하니 깜짝 놀란 손정도가 일단 아침식사부터 하자고 하였다. 먹는 둥 마는 둥 식사를 하고 숟가락을 놓자마자 손정도의 안내로 시아버지와 남편이 사는 프랑스 조계 베러루貝勒路 융칭팡永慶坊 10호 월셋 집으로 들어섰다.

만 열 살에 결혼하였으니 남편과 잔정은 그리 많지 않았다. 그러나 며느리를 각별하게 귀여워하였던

| 말년의 동농 김가진

시아버지는 갑자기 나타난 며느리를 보고 뛸 듯이 기뻐하였다.

"네가 어떻게 여길 왔느냐? 여기가 어딘 줄이나 알고 온 게야?"

"저라도 아버님 뒷바라지를 해드려야 할 것 같아 허락도 없이 찾아뵈었습니다. 아버님."

"그래, 잘 왔다. 고생하였다. 참 잘 왔다. 용기 있다."

상하이에서 김가진 부자의 삶은 참으로 곤궁하였다. 하루 세 끼를 배달해 주는 빠우판包飯으로 끼니를 때우고 있었다. 월 7~8원을 내면 세 끼를 집으로 배달해 주는데 아침식사는 흰죽에다 소금에 절인 센차이

(배추쪼가리)나 땅콩, 점심과 저녁은 기름에 지진 콩나물이나 당면이 고작이었다. 가끔 물소 고기로 만든 잡채나 멀건 계란탕이나 오리알탕이 나오면 진수성찬이었다. 특별한 수입도 없이 가족과 떨어져 상하이에 살고 있는 독립운동가 대부분은 이렇게 형편없는 식사를 하였다.

3
독립운동 자금을 위해 국경을 넘다

　대한민국임시정부 수립 초기에는 긴장감과 활기가 있었다. 김가진은 박은식·이시영李始榮·이동녕李東寧 등 독립운동가들이 집에 오면 정정화를 불러 이들에게 인사를 드리도록 하였다. 정정화는 한 분 한 분 얼굴을 기억하며 정성을 다해 모셨다. 서울 시댁에서 살림을 하던 때와 달리 무언가 긴장되고 활기찬 분위기에서 하루하루를 바쁘게 보냈다.

밀명을 받고 상하이에서 서울로　　　상하이에 온 지 한 달여 만에 정정화의 눈에도 주변 형편이 눈에 들어왔다. 매일 매일 부엌에 불을 지피고 물을 끓이고 밥상에 무언가를 올려야 하였다. 국권회복이라는 거대한 과제를 떠안고 있는 독립운동가들도 하루하루 끼니는 해결해야 하였다. 머리라도 내밀고 팔다리를 내놓을 누더기도 필요하였다.

　여기에서 정정화의 대담한 기질이 또 한 번 발동하였다. 대한민국임시정부에서도 가장 용기가 있다는 소리를 듣던 조완구趙琬九가 훗날 '정정화의 일신이 모두 담膽'이라고 칭찬하였던 그 기질이 발동한 것이다. 정정화는 큰오빠 정두화와 친구로 지내던 신규식申圭植을 찾아갔다.

"엉뚱한 소견인지는 모르겠습니다만, 제가 친정에 가서 돈을 좀 얻어 올까 하는데요."

"부인, 지금 국내는 사지나 다름없습니다. 특히 동농 선생의 일로 시댁은 왜놈들의 눈총을 받고 있지 않습니까? 물론 조심해서 처신하겠지만 무턱대고 들어갔다가 만에 하나 왜놈들에게 발각이라도 되는 날이면 못나올 것은 고사하고 큰 고초를 겪게 될 것입니다."

에둘러 이야기하며 적극적으로 말리지 못하는 신규식의 속마음을 읽은 정정화의 가슴은 미어져 왔다. 차라리 위험한 일이니 안 된다고 말렸더라면 그렇게 마음이 아프지는 않았을 것이다. 처음에는 친정에 가서 돈을 좀 얻어오겠다는 사사로운 계획이 대한민국임시정부 법무총장 신규식의 지시를 따르는 공식 임무로 바뀌어 버렸다.

3월 초순 정정화는 상하이를 출발하였다. 수중에는 한지에 백반 물로 글씨를 쓰고 노끈처럼 꼰 시아버지의 편지를 품었다. 이때만 해도 대한민국임시정부의 국내 연락조직인 연통제聯通制가 살아있어 잠입과 탈출 과정에서 도움을 받기로 하였다. 상하이에서 안둥현까지는 이륭양행이 운행하는 선박을 이용하였다. 당시 안둥에는 최석순崔錫淳이 일본 형사로 근무하면서 연통제를 가동하고 있었다. 최석순은 훗날 대한민국임시정부 문화부장을 지냈으며, 조선민족혁명당 서기장 김원봉金元鳳의 장인이 된 인물이다. 정정화는 최석순의 누이동생으로 가장하여 인력거를 타고 압록강 철교를 넘어 신의주로 들어갈 수 있었다. 이런 인연을 계기로 정정화는 최석순을 오라버니로 섬기게 되었다.

신의주에서는 세창양복점 주인인 이세창李世昌의 도움을 받았다. 이세창의 집에서 하룻밤을 지내면서 정정화는 그가 얼마나 조국을 사랑하고 정의감이 불타오르는지 알 수 있었다.

"몸조심하라요. 자기만 생각할 거이 아니라 남도 생각을 해야 되는 일이야요. 기래야 또 들어올 수 있으니까니. 명심하라요. 내레 솔직하게 한마디 하갔는데, 젊은 아주머니레, 더구나 귀골로 곱게 산 사람이 이런 일을 하리라고는 꿈에도 생각 못했시다. 독립운동 하는 유명한 사람들 이레 하나같이 다 이런 험악한 일을 하는 건 아니디요? 기렇디요? 나 같은 놈이나 하는 일인 줄 알았거든." (정정화는 후일 이세창이 일본 경찰에 체포되었다고 하였는데 기록으로는 그의 행적을 찾을 수 없다.)

서울에 도착한 정정화는 세브란스병원 산부인과 의사로 근무하는 신규식의 조카인 신필호申弼浩를 찾아갔다. 정정화가 서울에 온 목적을 들은 신필호는 병원 관사인 자기 집에 머물면서 일할 수 있도록 편의를 베풀었다. 정정화는 신규식과 시아버지가 지목한 사람들만 조심스럽게 찾아다니면서 자금 지원을 부탁하였다. 시아버지는 김홍집 내각 때 동료였으며 근 30년을 막역한 사이로 지낸 민영달閔泳達에게 큰 기대를 걸었지만 그는 자금 지원을 거절하였다. 민영달은 상당한 부자로 일제가 주는 남작 작위를 반납하였고, 1921년 4월『동아일보』가 정간되었다가 속간할 때 운영자금으로 5000원을 출자한 인물이지만 대한민국임시정부에 자금을 지원하는 것은 꺼렸다.

친정은 위험할 것 같아서 아예 접근도 하지 않았다. 오빠 정두화는 아직도 감옥에 있었고, 친정아버지는 예산에 머무르고 있었다. 조심스럽게 시어머니를 찾아뵈었지만 야단을 치지 않고 몹시 반가워하면서 상하이 소식을 물었다. 시어머니는 여유 있는 일가들의 도움으로 근근이 살고 있었다.

자금 모집은 기대하였던 만큼 큰 성과를 내지는 못하였다. 정정화는 20일 동안 서울에 머물다 다시 신의주의 세창양복점을 찾아갔다. 낮에 압록강 철교를 건너는 것이 아니라 밤중에 배로 강을 건너기로 하였다.

압록강 하류의 강변에 도착한 그들은 신발을 벗어들고 진흙과 자갈이 섞여 넓게 펼쳐진 강변을 따라 맨발로 삼십 리 길을 거슬러 올라가야 했다. 사방이 깜깜하고 바닥이 고르지 않은 밤길이어서 이세창의 바로 한 걸음 뒤꽁무니를 따라가려니 그녀에게 벅차고 힘든 길이었다. 대략 세 시간을 걸어 북하동에 이르렀을 때 어둠 저편에서 쪽배 하나가 기다리고 있었다. …… 그들은 압록강을 가로질러 쪽배를 띄웠다. 칠흑 같은 어둠 속 어디선가 일본경찰들이 일거수일투족을 노려보고 있는 것만 같아 긴장을 늦출 수 없었다. …… 쪽배가 압록강의 중국쪽 언저리에 닿았을 때 정정화는 제풀에 기진맥진해 있었다. 우강의 집에 무사히 들어갈 수 있었던 것은 순전히 이세창 덕분이었다. 우강 내외는 사전 예고도 없이 한밤중에 들이닥친 그녀를 마치 죽었다 살아온 사람마냥 반겼다.

정정화는 이틀을 쉰 후 이륭양행 배를 타고 사흘 밤낮을 걸려 상하이 부두에 무사히 도착하였다. 시아버지는 며느리가 무사히 돌아왔다는 사실에 기뻐하였고, 남편은 반가운 기색이 역력하였지만 묵묵히 바라보면서 놀랍다는 듯 머리를 좌우로 흔들어 보였다. 정정화가 가져온 돈은 대한민국임시정부 운영에 다소 도움이 됐고, 그녀의 무용담은 상하이 사회에서 화제가 되었다. 어른들은 입에 침이 마르도록 정정화를 칭찬하였다.

그녀는 상하이 시절 묘희라는 이름을 버리고 정정화로 개명하였으며, 수당修堂이라는 호를 썼다. 몸과 마음을 닦는다는 뜻으로 정정화는 이를 평생 삶의 지표로 삼았다.

상하이 거주 시절 정정화는 다양한 학문을 접하였다. 남편은 대한민국임시정부의 상황을 들려주었고, 중요한 일이 있을 때마다 이를 알려주었다. 이시영에게서 한학과 역사서적을 구해 읽었고, 유인욱柳寅旭에게서 영어를 배웠다. 틈만 나면 중국 고전이나 역사, 서양문학, 국내 역사와 문학 등 방대한 학문 분야를 섭렵하였다. 한문 공부는 상당 수준에 올라 한시를 쓸 정도가 되었다.

정정화는 남편과 가까이 지내던 유학생들인 우승규禹昇圭(언론인), 심훈沈薰(소설가), 윤보선尹潽善(제2공화국 대통령) 등과 친분을 나누었다. 남편의 가장 친한 친구인 엄항섭嚴恒燮도 집에 자주 찾아왔다.

1921년 봄 정정화는 공적인 자금 모금을 위해 두 번째로 국내에 잠입하였다. 이번에는 시아버지나 신규식도 만류하지 않을 정도로 형편이 어려웠다. 상하이에서 안둥까지 이륭양행의 선편을 이용하였고, 국내 잠입은 지난번과 마찬가지로 최석순과 이세창의 도움을 받았다. 시댁을 거쳐 친정으로 가니, 오빠 정두화가 석방되어 있었다.

딸의 재능을 안타까워하던 친정아버지는 공부할 생각이 없느냐며 일본 유학을 권유하였다. 하지만 한 집안의 며느리로서 시아버지를 모시는 게 자신의 임무라고 생각한 정정화는 친정아버지의 제안을 받아들일 수 없었다. 더구나 시아버지가 적으로 삼고 있는 일본으로의 유학이라니? 친정아버지가 정정화에게 외국 유학을 권한 것은 이번이 처음이 아니었다. 시집가고 얼마 되지 않았을 때 연희전문학교 설립자인 언더우드가 미국으로 가는 길에 동행할 기회가 생겼다. 이때도 정정화는 한 집안의 며느리로서 시댁 어른을 모셔야 한다고 생각해 아버지의 제안을 거절하였다. 친정에서 이틀을 머문 후 친정아버지가 건네주는 돈을 받자마자 서울로 올라왔다. 자금을 댈 만한 사람들에게 여기저기 연락을 해놓고, 개성에 머물면서 돈이 모이기를 기다렸다. 기대한 것만큼 돈이 모이지는 않았지만 팽팽하게 날이 선 긴장감을 풀어놓고 지낸 나흘간의 휴식으로 상하이로 돌아갈 힘이 생겼다.

상하이로 돌아갈 때는 김규식金奎植의 처 김순애金淳愛의 언니인 김구례와 그 아들 서재현徐載賢(1944년 3월 조선민족혁명당 감찰위원으로 활동)이 동행하였다. 서재현의 부친은 1919년부터 1924년까지 임시의정원 의원을 지낸 서병호徐丙浩다. 이를 인연으로 정정화는 김순애와 친하게 지냈으며, 훗날 충칭에서 대한애국부인회가 조직됐을 때 김순애는 주석으로, 정정화는 훈련부 주임으로 함께 일하였다.

정정화가 목숨을 걸고 구한 소중한 자금은 김가진 일가만을 위해 쓰여지지 않았다. 정정화가 국내에 다녀온 지 얼마 되지 않은 1921년 여름 김가진 일가는 극심한 생활고를 겪고 있었다. 조선총독부 경무국장이 1921년 8월 1일자로 일본 외무차관에게 보낸 보고서(고경高警 제24265

호의 1 '국외정보國外情報)를 보면 김가진 일가가 수개월치 집세와 식비를 체불해서 중국인 집주인이 퇴거를 요구하였다고 한다.

정정화는 국내에서 모아온 자금이 어떻게 쓰였는지 전혀 몰랐다. 하지만 이렇게 마련한 돈은 임시변통일 뿐이라는 것을 잘 알고 있었다. 안정적이고 꾸준한 재정의 마련이 독립운동을 위해 반드시 필요하다는 것을 체감하고 있었다. 정정화가 국제정세를 정확하게 분석하고, 단결을 우선시하는 운동노선을 지지하고, 인간관계에서 좌우이념을 극복하려 하였던 모든 것이 이런 구체적 경험을 통해 형성되었다고 볼 수 있다.

굶어 죽은 시아버지 | 1922년 6월 정정화는 세 번째로 국내 잠입을 결심하였다. 이때는 연통제가 모두 붕괴되고 이세창도 체포된 상태여서 국내에 잠입하기 위해서는 많은 위험을 각오해야 하였다. 이번에는 모든 어른들이 만류하였다. 자금도 잘 모이지 않았고 무사 귀환도 장담할 수 없었기 때문이다.

이에 앞서 대한민국임시정부의 조직원이라는 신분이 드러난 최석순은 가족을 데리고 안동현을 탈출하여 상하이로 피신하였다. 일본 경찰로 근무한 전력 때문에 최석순은 경무국장 김구에게 끌려가 조사를 받았다. 그가 조사를 받고 있다는 소식을 듣고 달려온 정정화를 보고 최석순은 그만 어린아이같이 울어 버렸다.

이륭양행의 쇼는 1920년 7월 일제에 체포되어 4개월간 수감된 후 보석으로 석방되어 재판에 회부 중인 상황에서도 한국의 독립운동가들을 도왔지만 이 무렵에는 활동에 제약이 많았다. 1922년 8월 이륭양행 고용원 김문규가 체포되는 사건을 계기로 쇼는 안둥교통국에 대한 지원을 중단하였다.

6월 중순 안둥에 도착한 정정화는 인력거를 타고 태연히 압록강 다리를 건너려 하였지만 마지막 순간에 체포되고 말았다. 일경은 정정화가 독립운동을 하는 사람이라고 생각도 못했다가 이틀 동안 신문을 하는 과정에서 김가진의 며느리라는 사실을 알아냈다. 정정화는 상하이에서 살기가 힘들어 친정으로 돌아가는 길이라고 둘러대 서울로 압송된 후 종로경찰서에서 간단한 조사를 받고 풀려났다. 시댁에 도착하니 시아버지가 위독하다는 전보가 도착해 있었다. 하지만 국내에 잠입한 목적을 이루지 못하고 돌아갈 수는 없었다. 이번에는 처음부터 친정아버지에게 손을 내밀 생각이었으므로 서둘러 예산 친정에 달려갔다. 그런데 돈을 얻어 상경해 보니 시아버지의 부음 전보가 와 있었다.

1922년 7월 4일 김가진은 이국에서 순국하였다. 향년 77세였다. 7월 8일 대한민국임시정부는 그의 장례와 추도식을 성대하게 치르고 시자후이徐家匯 만국공묘에 안장하였다. 해방 후 정정화가 후손들에게 '굶어죽은 것이나 마찬가지'라고 이야기한 것을 볼 때 2년 9개월의 망명생활이 얼마나 참혹하였는지 짐작할 수 있다.

시댁에서도 호상소를 차려 조문객을 받아야 하는데, 당시 시어머니는 자식 셋을 데리고 일가인 조선 귀족 김종한金宗漢의 집에서 곁방살이를 하고 있었다. 궁여지책으로 정정화가 친정에서 얻어온 돈으로 전셋집을 얻어 상청을 차리고 조문객을 받았다. 조의금이 450원이나 들어왔는데 정

| 김가진의 장례식 운구마차

| 김가진의 장례식 만장

정화의 눈에는 모두 독립운동 자금으로 보였다. 시댁에도 얼마의 생활비를 떼어줄 수 있었다. 정정화가 상하이로 돌아가겠다고 하자 불편한 혹하나를 떼어낼 수 있다고 생각하였는지 종로경찰서는 여권까지 만들어 주었다. 이번에는 기차로 부산으로 가서 배편으로 일본 나가사키長崎를 거쳐 상하이로 가는 여정을 잡았다. 이때 시동생 용한이 동행하였다.

무산된 미국 유학과 친정의 쇠락 | 1922년 10월 정정화는 네 번째로 귀국하였다. 친정에 가서 학자금과 여비를 얻어 함께 미국 유학을 가기 위함이었다. 이번에는 여권을 가진 합법적인 입국이었다. 친정아버지에게 미국 유학을 가겠다는 뜻을 밝히고, 봄이 되면 쌀을 팔아서 3000원을 마련해 주겠다는 약속을 받은 정정화는 서울 외가에 머물며 근화학원에서 영어를 배웠다. 아버지는 딸이 공부를 많이 하는 것을 반대하였으나 정정화가 우겨서 막내동생 숙화를 서울로 데리고 와서 진명여중을 다니도록 하였다. 하지만 친정아버지가 다음 해 3월 사망하여 유학 계획은 이루어지지 못하였다. 7월 정정화는 상하이로 귀환하였다.

정정화·김의한 부부는 정신적·물질적 지주였던 김가진과 정주영이 잇따라 타계하면서 큰 그늘을 잃었다. 이제 이들은 모든 것을 스스로 결정하고 행동으로 옮기는 자립을 해야만 하였다. 생활은 여전히 어려워 하루하루를 간신히 꾸려나갔다. 주먹밥과 그저 밥을 삼킬 수 있는 최소한의 반찬으로 연명을 하였다.

김의한은 젊은 동지들과 만나 일본인 주요 인물에 대한 테러를 계획했으나 실천에 옮기지는 못하였다. 돈도 없고 조직도 빈약하고 프랑스 조계 밖으로 나가는 것도 조심해야 했으니 모든 게 답답한 시절이었다.

정정화는 1924년 12월 다섯 번째로 국내에 들어와 6개월 동안 주로 예산 친정에서 문학과 역사책을 읽으면서 한가한 날을 보냈다.

정정화는 1930년 7월 여섯 번째 귀국을 하였다. 1928년 외아들 후동(후에 자동으로 개명)을 낳고 차일피일 미루다 할머니와 외할머니에게 손자를 보여드리기 위해 귀국한 것이었다. 시댁 형편은 말이 아니었다. 김의한의 동생 각한이 어린 나이에 가장으로서 집안을 책임지고 있었다. 정정화는 이번에도 6개월을 머물며 충신동의 큰오빠 두화 집, 당주동의 작은오빠 봉화 집을 왕래하면서 지냈다.

이 시절에는 식민통치가 길어지면서 국내 인심도 많이 변하였다. 정정화가 상하이에서 독립운동에 관계하다가 왔다고 하니 지인들이 의도적으로 피하였다. 처음 국내에 잠입하였을 때 은신처를 제공하였던 집 앞을 지나다 반가운 마음에 젊은 안주인에게 아는 체를 하였다. 대뜸 "누구시더라?"라는 대답이 돌아왔다. 난생 처음 겪는 당혹스러움에 뒤도 안돌아보고 발길을 돌렸다. 당시 그 집안의 한 분은 독립운동을 하다 상하이에서 순국하였고, 또 한 분은 민족의 해방을 위해 애쓰고 있었다. 대문을 나서는데 눈치를 챈 어른들이 쫓아나와 정정화를 붙잡았다. 이 일을 통해 정정화는 많은 것을 반성하게 되었다. 과연 나는 누구를 위해 독립운동을 하는가, 도대체 독립이란 무엇인가를 생각하였다. 독립운동을 한다고 상하이에 있는 사람들이 무슨 일을 하고 있는지 깊이 생각해 보았다. 정정화는 1931년 초 상하이로 돌아가면서 독립이 되기 전에는 다시 귀국하지 않을 것이라고 마음먹었다.

이날 이후 정정화는 친정어머니 김씨와 두화 오빠를 다시 보지 못하였다. 1939년 5월 정두화가 사망하였을 때 정정화는 중국대륙을 전전하다 쓰촨성 남쪽 치장현綦江縣에서 고단한 몸을 쉬고 있었다. 친정어머니 김씨는 정정화가 충칭 부근 투차오土橋에 살던 1942년 5월 16일 세상을 떴다. 정두화 사후 정씨 집안을 이끌 사람이 마땅치 않았다. 장자인 정연응鄭然鷹은 1925년 22세의 나이에 부친보다 먼저 죽었다. 1929년 재혼한 손씨 부인이 낳은 아들 둘은 고작 9세과 11세였다. 더구나 정연응의 사후양자로 들어와서 호주를 상속한 정덕교鄭德敎는 고작 6세였다.

정두화의 후손들은 귀족 습작계를 내지 않고 남작 작위를 포기하였다. 조선 귀족 대부분은 자식이 없으면 양자나 사후양자를 들여서라도 집요하게 작위를 이어나가고 그 혜택을 누렸다. 정정화의 친정은 이와 다른 집안 분위기가 있었던 듯하다. 양대 판서 정씨 집안은 이렇게 쇠락하였다.

동요하는 상하이에서 내일을 준비

출범할 때 조선민족의 기대를 한 몸에 받았던 대한민국임시정부는 날로 침체의 길을 걸었다. 재정난, 고질적인 파쟁, 일부 운동가들의 변절 때문이었다. 1921년 3월 대한민국임시정부의 기관지인 『독립신문』 사장 겸 편집국장으로 있던 이광수李光洙가 상하이로 찾아온 산부인과 의사이자 애인인 허영숙과 함께 홀연히 사라져 한인사회에 충격을 주었다. 이광수는 귀국 도중 일제 경찰에 체포되었으나 별다른 조사를 받지 않고 풀려났다. 허영숙이 조선총독부로부터 이광수의 신변안전 보장을 받아낸 후 그의 귀국을 설득하였다는 설이 유력하다. 이광수는 1922년 5월 『개벽』에 조선민족의 전면적 개조의 필요성을 촉구하는 「민족개조론」을 발표하며 훗날 변절의 이론적 토대를 구축하였다. 이광수는 1938년 11월 공개적으로 전향을 선언한 후 본격적으로 친일의 길을 걸었다.

김희선金羲善은 조선총독 사이토齋藤實와 조선군사령관 우쓰노미야宇都宮太郎의 지시를 받고 1919년 12월 상하이로 와서 대한민국임시정부에 참여하였다. 군무차장과 군무총장대리를 지낸 그는 1921년 10월쯤 조선으로 돌아갔다. 대한민국임시정부는 뒤늦게 그가 밀정이었음을 알아차렸다.

이렇듯 악재가 겹치며 1923년 이후 대한민국임시정부는 간판만 유지하는 형편이었다. 상해 대한민국임시정부, 블라디보스토크 대한국민의회, 국내의 한성정부가 통합해 출범한 대한민국임시정부는 통일전선적 성격의 정부라는 긍정적 측면뿐 아니라 다양한 출신 지역·이념·계급의 차이에서 오는 갈등 요소도 안고 있었다. 이런 문제를 타개하려고 1923년 1월 초부터 6월 중순까지 국민대표회의가 상하이에서 열렸다. 각계 대표 130명이 모여 민주적인 회의를 진행하였지만 6월에 임시정부 유지파·개조파·창조파로 갈라지고 말았다.

명망가들은 사분오열하였지만 국권회복에 대한 조선 민중의 의지

| 3·1절 기념식장(1921년 3월 1일)

 는 꺾이지 않았다. 해마다 3·1운동 기념식만큼은 상해거류민단을 중
심으로 상하이 거주 전체 한인의 절반 이상이 참석한 가운데 성대하게
열렸다. 일제 기록에 따르면 1920년에 한인 700명 중 500명, 1922년
500명, 1925년 796명 중에서 400명, 1926년 847명 중 300명, 1928
년 953명 중 600~700명, 1930년 937명 중 500명이 기념식에 참석하
였다.

 대한민국임시정부는 국권회복에 대한 한인들의 열망을 이끌어 나갈
지도력을 갖추지 못한 상태였다. 신뢰의 상실은 대한민국임시정부의 재

정난으로 이어졌다. 1927년부터 1930년까지 대한민국임시정부는 약간의 인구세와 애국금에 의존하고 있었다. 대한민국임시정부가 계획하였던 국공채 판매와 외국 차관 도입 같은 것은 뜻대로 되지 않았다. 1927년에는 인구세와 애국금을 합쳐 연간 1266원 7전이 들어왔으나 1928년에는 730원 50전, 1929년에는 1167원 57전에 그쳤다. 1930년에는 321원에 머물러 최악의 상태였는데 이 돈의 45%가 집세로 나갔다. 321원은 공공조계나 프랑스 조계에 근무하는 사람의 한 달 급여 수준에 불과하였다.

망명생활이 장기화되며 직업운동가들도 생계유지 수단이 필요하였다. 그나마 중국 정부기관이나 프랑스 조계에 근무하는 사람은 비교적 안정적 생활을 누렸다. 일본 측 기록에 의하면 1930년 당시 상하이 거주 한인들은 프랑스 조계에 516명, 공공조계에 344명, 중국인지역에 77명이 있었다. 프랑스 조계 당국은 한인들을 관리하기 위해 엄항섭·옥성빈·박제도·최훈·김세창 등을 고용하였다. 엄항섭은 중국에서 대학을 나왔으며 프랑스 조계 공동국에 근무하였기에 수입이 괜찮았고 자기 집도 갖고 있어 많은 사람을 보살폈다. 그는 만주지역에서 독립운동 근거지를 마련하다 상하이로 온 이동녕을 모셔다가 뒷바라지를 하였다.

프랑스 조계 공동국에 근무하는 한인의 급여 수준에 관한 직접적인 자료는 없다. 하지만 프랑스 조계 공동국에 근무하는 러시아인의 월 평균 급여가 243.41원이고, 공공조계 공부국에 근무하는 러시아인이 월 평균 324.68원을 받았다는 것을 볼 때 한인들도 비슷한 급여를 받았을 것이다.

1911년 일찍이 가족과 함께 상하이로 이주해서 중국어에 능통한 민필호閔弼鎬는 대한민국임시정부가 수립되자 신규식의 비서로 참여하였으며, 신규식의 딸과 결혼하였다. 상하이 전보국에서 근무하며 중국 공무원 신분을 가졌기 때문에 다른 한인보다는 다소 여유가 있었다.

　　한인들의 주요 생계수단은 전차회사나 버스회사의 검표일이었다. 1890년 82만 5000명이었던 상하이 인구가 1930년 314만 5000명으로 늘어나면서 교통수단도 나날이 확대되었다. 프랑스인들은 1905년부터 상하이에서 전차회사를 운영하였다. 1908년에는 영국인들이 전차회사를 설립하였으며, 1912년에는 중국인도 전차회사를 설립하였다. 1926년에는 영국인이 공공조계에서 버스회사를 설립하였다. 1923년 영국 전차회사에서 근무하는 한인과 그 가족을 합치면 100여 명에 달하였다. 1932년 영국 버스회사에서 집단해고를 당한 한인은 130여 명에 달하였다.

　　김가진이 사망한 후 독립된 일가를 이룬 김의한·정정화 부부도 새로운 길을 찾아야 하였다. 김의한은 1922년 대동의학전문학교에 입학해 1924년에 졸업하였다. 이 학교는 의료보조원을 양성하는 곳으로 추정된다. 정정화는 1925년 6월 혜중학교를 잠시 다니다 몸이 아파 학업을 중단하였다. 1926년 초 김의한은 공공기차(汽車 : 버스)공사에 취직해서 생계를 해결하였다. 김구나 이동녕은 상하이에 사는 젊은 청년들에게 항상 말하기를 일정한 수입을 가지고 공부를 하는 것이 장기적인 독립운동이라고 하였다. 정정화 일가는 이후 5년 남짓 비교적 안정된 생활을 하며 고국의 어머니에게 얼마의 생활비를 보낼 수 있었다.

| 1922년 상하이에서 김의한 · 정정화 · 김용한(뒤에 서 있음)

| 대한민국임시정부 국무원 일동

　　1927년 한인청년동맹이 개편될 때 김의한은 본부 상무위원 겸 상하이지부 재정 간사를 맡았다. 한인청년동맹의 상하이지부 집행위원장은 조한용趙漢用이었으며 조시원趙時元과 무정武亭(훗날 조선의용군 사령관이 된 인물) 등이 간부진을 이루었다.

　　강단이 있는 반면 체력이 튼튼하지 못하였던 정정화는 열아홉 살 때 첫아이를 낳은 후 계속 자궁질환을 앓고 있었다. 다행히 1928년 프랑스 조계 아이런리愛仁里 1호 집에서 외아들 후동을 낳았다. '동농 선생의 손자'가 태어났다고 이동녕·이시영·김구·안창호·조완구·신건식 등이 집으로 찾아와 축하를 해주었고 이시영이 이름을 지어 주었다. 2년 후

| 상해시절 김구와 최준례

에는 엄항섭이 아들 기동을 낳았다. 후동과 기동은 대한민국임시정부의
대표격 손자이자 미래의 희망으로 어른들의 귀염을 받았다(기동은 6·25
전쟁 때 실종되었다).

　1919년 4월 상하이로 온 백범 김구는 인간이 겪을 수 있는 모든 고
통을 거치며 단련되고 있었다. 1924년 1월 1일 대한민국임시정부 내무
국장 김구의 부인이 세상을 떠났다. 1920년 큰아들 인仁을 데리고 상하
이로 온 최준례崔遵禮는 계단이 좁고 가파른 3층 단칸방에서 김구, 시어
머니 곽낙원, 아들 둘과 함께 살았다. 둘째아들 신信을 낳고 백일도 안돼
계단에서 굴러 늑막염에 걸렸는데, 제대로 치료를 못해 폐렴으로 악화

돼 몇 해를 고생하였다. 정정화는 매일 김구 집에 들러 갓난아이와 최준
례를 극진히 보살폈다. 아직 후동이 태어나기 전이어서 김구의 단칸방
에서 살다시피 하였다.

병이 악화된 최준례는 영어에 능통한 유인욱의 알선으로 외국인선교
회에서 운영하는 폐병원에 입원하여 무료진료를 받았다. 정월 초하룻
날 정정화 부부는 어른들에게 세배를 드리려고 집을 나섰다. 먼저 폐병
원에 들렀다가 최준례가 위독한 모습을 보고 서둘러 김구를 찾아갔지만
병원이 일본인 집단거주지에 있어서 김구는 올 수 없었다. 정정화 부부
와 곽낙원이 다시 병원을 찾았을 때 최준례는 이미 세상을 떠나 영안실
로 옮겨져 있었다.

1월 4일 오후 프랑스 조계 숭산로 공동묘지에서 기독교식으로 열린
장례식에서 윤기섭尹琦燮이 고인의 험난한 인생을 회고하자 사람들은 비
오듯 눈물을 흘렸다. 김구는 검소하게 장례를 치르고자 하였으나 동지
들이 주선하여 비석도 세우는 등 초라하지 않은 장례를 치렀다.

1925년 11월 곽낙원은 망명지에서 어린 두 손자를 키우기 힘들어 작
은 손자를 데리고 고향으로 돌아가기로 하였다. 곽낙원은 매일 깊은 밤
동네 채소상에서 버린 배추를 주워다 우거지김치 몇 항아리를 담가놓고
귀국하였다. 김구는 큰아들 인과 이동녕·윤기섭·조완구 등과 한때 한
집에서 살았다.

1926년 12월 김구가 국무령에 취임하였다. 그러나 당시 대한민국임
시정부는 국무위원과 10여 명의 의정원 의원 외에는 찾아오는 사람도
없었고, 집세 30원을 못내 여러 차례 소송에 걸릴 정도로 빈궁하였다.

국무령의 주요한 업무는 미국 본토와 하와이에 사는 동포들에게 편지를 보내는 것이었다. 김구가 기대할 곳은 1만 여명의 동포가 살고 있는 북중미 지역이었다. 시카고에 사는 김경金慶(본명 金炳俊)은 '집세를 주지 못해 정부 문을 닫게 되었다'는 보도를 보고 즉시 미화 200여 달러를 모금하여 보내주었다. 200달러는 아홉 명의 한 달 생활비였다.

| 정정화와 아들 김자동

부인이 사망한 후 임시정부 청사에서 살던 김구는 정정화·조봉길曺奉吉·이춘태李春泰·나우羅愚·진희창秦熙昌의 집을 전전하며 끼니를 해결하였다. 김구 스스로가 "나는 임시정부 정청에서 자고 밥은 돈벌이 직업을 가진 동포의 집으로 이집 저집 돌아다니면서 얻어먹었다. '거지 중의 상거지'였다"로 표현할 정도였다.

"후동 어머니, 나 밥 좀 해줄라우?"

"암요. 해드려야지요. 아직 점심 안 하셨어요? 애 좀 봐주세요. 제가 얼른 점심 지어드릴게요."

후동이 낯을 무척 가렸지만, 김구가 워낙 아이를 잘 보았기 때문에 그 품에서는 보채는 일이 없었다. 김구가 반찬거리를 사다가 밥을 지으면 어찌나 달게 드시는지, 정정화는 형편이 피어서 더 좋은 것을 대접했으면 하는 마음이 간절하곤 하였다. 이때 김구에게 밥을 지어주던 독일제 석유 버너를 정정화 집안에서는 1970년대까지 사용하였다.

김구는 24살이나 어린 김의한에게 자신을 '형님'이라고 부르라고 하였다. 김구보다 30년 연상인 김가진의 아들이라서 그렇게 예우를 한 것이다.

인성학교의 기구한 운명

상하이로 모여든 독립운동가들은 2세들의 교육에 민족의 장래가 달려 있다고 보았다. 1919년 10월 한인들의 교육문제를 지원하는 대한교육회가 조직됐는데 박은식이 회장을 맡고 손정도·김두봉·이광수 등이 참여하였다. 1916년 여운형呂運亨이 설립한 인성학교는 대한민국임시정부 수립 후 공립학교 역할을 하였다. 전체 학생수는 1920년 30명, 1923년 25명, 1926년 50명, 1032년 50명이었다. 인성학교는 프랑스 조계 공동국에서 해마다 보조금으로 600달러를 받았지만 만성적인 재정난에 시달렸다. 대한민국임시정부와 상해거류민단은 1928년 2월 인성학교 유지회를 창립하고 재정난 타개책을 찾기도 하였다.

1932년 4월 29일 윤봉길尹奉吉 의사의 의거 이후 대한민국임시정부 요인들은 일제의 포위망을 피해 상하이를 탈출하였다. 이 같은 이유로 인성학교는 그 해 9월 일시 폐교하였다. 1935년 일본 총영사관은 인성학교에 11월 10일부터 일본의 국정교과서를 교재로 채택하라고 명령하였다. 11월 4일 인성학교 운영자·학부형회·유지회는 합동회의를 열어 대책을 논의하였다. 여기에서 일제의 지시를 받아들일 수 없다는 결정

| 상하이 인성학교 학생과 교직원들

이 내려졌다. 그리고 11월 11일 전 직원이 사퇴하고 무기휴교에 들어갔다. 이때까지 인성학교는 소학 과정 졸업생 95명과 유치원 졸업생 150여 명을 배출하였다.

인성학교는 1947년 3월 1일 다시 문을 열었다. 역사와 국어 교과서는 북한에서 보내온 것을 사용하였고, 재정 지원도 받았다. 하지만 1970년대 이후 북한의 경제상황이 어려워지며 지원이 끊겼다. 이때부터는 중국 정부의 지원을 받고 옌볜延邊 조선족 학교에서 쓰는 교과서로 공부를 하였다. 1980년대 중반 학생이 단 2명 남았던 인성학교는 영원히 폐교되었다.

4
윤봉길 의사의 피로 부활한 독립운동

　국내에서는 1926년 6·10만세운동에 이어 1929년 광주학생운동이 일어났지만 상하이 거주 한인들에게 독립의 길은 여전히 보이지 않았다. 일제는 만주와 중국 대륙으로 침략의 마수를 뻗쳐나갔다. 일제는 1931년 9월 18일 만주를 침략(만주사변)한 데 이어 1932년 1월 28일 상하이를 침공(상해사변)하였다. 중국군 수비대가 용감하게 저항하였지만 3월 4일 굴욕적인 휴전협정이 맺어졌다. 중국인들은 이날을 국치일로 여길 정도로 통분하였다. 반일감정은 커졌지만 중국 국민당 정부는 무기력하기만 하였다.

　이때 김구와 한인애국단이 없었으면 중국은 깊은 잠에서 깨어나지 못하였을 것이다. 1931년 12월 김구는 일본 요인 암살을 목적으로 하는 한인애국단을 조직하였다. 한인애국단 구성은 대한민국임시정부 국무회의의 의결을 거쳤지만, 공작에 사용하는 돈과 구성원에 대해서는 김구가 전권을 위임받았고 단지 성공과 실패의 결과만 보고하면 되었다. 단원은 김의한을 포함해서 안공근安恭根·엄항섭嚴恒燮·김동우金東宇·안경

근^{安敬根} · 손창도^{孫昌道} · 백구파^{白九波} · 김
현구^{金鉉九} · 손두환^{孫斗煥} · 이덕주^{李德柱} ·
유상근^{柳相根} · 이수봉^{李秀峰} · 최흥식^{崔興植}
등으로 추정된다.

1932년 1월 8일 한인애국단원 이봉
창^{李奉昌}이 일본 도쿄에서 일왕이 탄 마
차에 수류탄을 던졌지만 폭탄의 성능
이 좋지 않아 실패하였다. 김구는 중국
군 군관으로 상하이병공창에 근무하던
김홍일^{金弘壹}에게 더 좋은 폭탄의 제조
를 부탁하였다.

| 한인애국단 입단 선서를 하는 윤봉길

1932년 4월 29일은 일왕의 생일인 천장절이다. 일본은 상하이 홍커
우^{虹口}공원에서 대대적인 승전 축하식을 열려고 하였다. 일본의 오만함
에 중국 민심은 부글부글 끓어오르고 있었다.

이날 김구는 정정화를 찾아와 몇 사람의 점심을 마련해 줄 것을 부탁
하였다. 정정화가 바지런하고 일솜씨가 깔끔하다고 알려져 있어 무슨
큰일이나 중요한 자리가 있으면 어른들이 찾곤 했기 때문에 그녀는 시
키는 대로 하였다. 점심 때 김구·이동녕·조완구가 모였다. 김구는 정정
화에게 술 한 병과 신문 호외를 사오라고 일렀다. 평소 술을 입에 대지
않던 김구가 낮술을 찾는 게 뜻밖이었다.

정정화가 밖에 나오자 거리가 술렁거리고 호외가 돌고 있었다. 이날
한인애국단원 윤봉길이 던진 폭탄에 상하이파견군 사령관 육군대장 시

라카와 요시노리白川義則가 병원으로 이송 중에 사망하였고, 거류민단장 가와바타 사다쓰구河端貞次가 즉사하였다. 또 제3함대사령관 해군중장 노무라 기치사부로野村吉三郎는 짝눈이 되었으며, 상하이 주재 영사 시게미쓰 마모루重光葵는 절름발이가 되었다. 제9사단장 우에다 겐키치植田謙吉도 중상을 입었다.

사건 직후 프랑스 조계당국은 조계 안에 거주하는 한인들을 더 이상 보호할 수 없다는 입장을 밝혔다. 일본과의 일전을 결심하지 않고서는 한인들을 보호하는 일이 어려워진 것이다. 의거 다음날 일본영사관 경찰이 조계 안으로 들어와 의거 관련자 체포에 나섰다. 사전 연락을 제대로 받지 못한 안창호는 프랑스 조계당국의 묵인 아래 조계 안에서 체포되어 조선으로 송환됐으며 3년간 복역하였다.

윤봉길 의사의 핏값으로 연명 | 대한민국임시정부 요인들과 대가족은 서둘러 상하이를 탈출하였다. 이날 이후 8년에 걸쳐 5000km를 이동하는 대장정이 시작된 것이다. 4월 30일 이동녕과 이시영은 저장성浙江省 자싱현嘉興縣으로 피신하였다. 정정화 모자와 엄항섭의 가족들은 5월 1일 기차를 타고 상하이를 빠져나와 자싱으로 갔다. 이들은 자싱 르후이차오日暉橋 17호에 위치한 2층 목조건물에서 생활하였다. 1층에 독신인 이동녕이 거주하고, 정정화 일가와 엄항섭 일가는 방 네 개가 있는 2층에서 방 하나씩 사용하였다. 홀몸인 이시영·조완구·엄도해(엄항섭의 동생)는 한 방을 썼다.

일부 요인은 항저우杭州로 피신하였다. 김구도 항저우로 피신하였다가 적의 소굴이나 마찬가지인 상하이 프랑스 조계로 잠입하였다. 김구·안공근·엄항섭·김철은 독립운동을 돕던 미국인 피치 목사의 아들인 YMCA 간사 피치S. A. Fitch 집을 은신처로 삼았다. 이들은 이곳에서 20일을 머무르며 사건 뒷수습을 하였다. 사건과 관계없는 한인들이 잇따라 체포되자 5월 10일 김구는 한인애국단 영수 명의로 이봉창·윤봉길 의거의 진상을 알리는 장문의 성명서를 발표하였다. 피치 부인은 성명서를 영문으로 번역해서 로이터통신에 보냈다. 일본 외무성·조선총독부·상하이 주둔 일본군사령부는 합동으로 김구 체포에 현상금 60만 원을 내걸었다.

의거의 주인공이 한인애국단과 김구라는 사실이 알려지면서, 장제스蔣介石가 이끄는 국민당 정부와 중국인들은 한인을 새롭게 보기고 자신들의 적에게 통쾌한 복수를 하였다며 고마움을 표시하였다. 1931년 7월 지린성吉林省 창춘현長春縣 완바오산萬寶山 지역에서 조선인 농민과 중국인 농민이 유혈 충돌을 벌인 이래 한인과 중국인은 감정이 좋지 않았다. '만보산사건'은 일제가 조선과 중국의 민족운동세력이 힘을 합쳐 자신들에게 저항하는 것을 막기 위해 꾸민 것이었다. 윤봉길 의거를 계기로 중국인과 한인 사이에 공동의 적을 향한 일체감이 형성된 것이다.

중국의 민간단체와 개인들이 앞다투어 대한민국임시정부에 후원금을 보내고 피난처를 제공하였다. 상하이시 상회商會 주석 왕샤오라이王曉籟, 중국 지방관리 출신 주칭란朱慶瀾, 부호이자 혁명가인 추푸청楮輔成, 반일구제회反日救濟會 등이 임시정부 요인들에게 성금을 보냈다. 상하이시

| 자싱 피신생활을 도운 중국인과 임시정부 가족들

| 자싱시절의 임시정부 요인과 가족들

상회는 윤봉길·안창호 가족의 위로금으로 쓰라며 7000달러를 보냈다.

자싱으로 온 김구는 르후이차오 숙소에서 걸어서 5분여 거리인 메이완제梅灣街 76호에 머물렀다. 이 집은 쑨원孫元과 동지관계인 추푸청의 양자이며 재산관리인인 천퉁쑨陳桐蓀 소유였다. 난후南湖에 바로 붙어 있어 뒷문에 항상 배를 대놓고 위험한 상황이 오면 호수 가운데로 피신할 수 있었다.

1932년 5월 15~16일 항저우에서 열린 대한민국임시정부 국무회의는 법무장 이동녕, 내무장 조완구, 외무장 조소앙, 재무장 김철, 군무장 김구를 인선하였다. 그러나 오랫동안 궁핍하게 살다가 윤봉길 의거 후 갑자기 큰 돈이 생기자 대한민국임시정부 안에 분란이 일어났다. 김구가 중국 조야에서 대한민국임시정부에 보내온 미화 5000달러를 착복하였다는 소문, 대한교민단 위원장 이유필이 미화 5000달러를 가로챘다는 소문, 김철과 조소앙 등이 윤봉길의 유가족과 안창호 가족의 생활보조비로 받은 미화 7000달러를 갖고 있다는 소문이 끊이지 않았다. 결국 1933년 3월 김구와 이동녕은 군무장과 법무장직을 사퇴해 버렸다.

활동무대를 자싱에서 난징으로 옮긴 김구는 1933년 5월 장제스를 만나 군사지원을 약속받았다. 그 해 11월 중앙육군군관학교 낙양분교에 한인청년특별반이 구성되었다. 하지만 특별반 교육은 일본의 항의로 1기 졸업생 62명을 배출하는 것으로 끝났다. 이들은 이후 광복군과 조선의용대에 참여하였다.

1934년 4월에는 김구의 어머니 곽낙원이 손자 신을 데리고 중국으로 다시 와서 자신 르후이차오 은신처에 합류하였다. 곽낙원과 정정화는 상하이 시절에 함께 지낸 후 10년 만에 재회하였다. 곽낙원은 배운 것은 없었지만 모든 면에서 망명지의 아녀자들에게 귀감이 되었다. 곽낙원의 생신 때의 일이다. 정정화와 엄항섭의 부인이 비단솜옷을 사다 드리자 곽낙원은 다음과 같이 꾸짖었다.

"난 평생 비단을 몸에 걸쳐 본 일이 없네. 어울리지를 않아. 그리고 지금 우리가 이나마 밥술이라도 넘기고 앉아있는 건 온전히 윤 의사의 핏값이야. 피 팔아서 옷 해 입게 생겼나, 당장 물려 와."

정정화는 대꾸도 못하고 모직 옷으로 바꾸어드렸다.

곽낙원은 또 난징에서 거주할 때 주변사람들이 생신 축하연을 베풀려고 하자, "돈으로 주면 내가 먹고 싶은 음식을 만들겠다"하고는 그 돈으로 권총 두 자루를 사서 독립운동에 쓰라고 내놓기도 하였다.

자싱에서 정정화는 여러 어른들을 모셔야 하였기 때문에 무척 바빴다. 김의한은 한 달에 한두 차례 자싱과 항저우를 오가면서 대한민국임시정부의 연락 업무를 수행하였다. 정정화 가족은 자싱에서 2년을 보냈다. 언제 일본 경찰이 들이닥칠지 모르는 불안한 생활이었다.

모든 것이 불투명하고 조국으로 돌아갈 날이 보이지 않는 상태에서는 살아남는 것도 중요한 일이었다. 정정화는 임시정부 어른들을 모시는 일로 무척 바빴지만 김의한은 생활이 단조로워 이를 바꾸고 싶어 하였다. 마침 중국 국민당 정부가 지방의 군벌을 견제하기 위해 몇 개 현縣을 관할하는 전원공서專員公署를 설치하였다. 장시성江西省 제1구 전원공서의 전원으로 부임하는 린징林檠의 도움으로 김의한은 중국인으로 가장하

| 김구 가족

고 취직을 하였다. 천하이陳海라는 가명을 쓰고 1934년 봄 장시성 펑청현豊城縣에 부임하였다. 김의한은 펑청에서 1년을 지낸 후 전원공서를 따라 우닝현武寧縣으로 이주하였다. 김의한은 우닝에서 3년 동안 근무하였다. 이 동안에도 김의한은 이동녕과 편지를 주고받았다. 이때 이시영이 김의한의 집에서 얼마동안 지내기도 하였다.

1935년 9월 정정화는 아들 후동을 데리고 난징에 가서 6개월 동안 김구의 어머니를 모시고 살았다. 칠십이 넘은 곽낙원은 손자 신과 함께 지냈는데 중국말을 전혀 못하여 불편한 것이 많았다. 신과 후동은 각각 관신關信, 천밍陳明이라는 가명을 쓰고 중국인학교를 다녔다. "나 때문에 젊은 내외를 너무 오래 떼어 놓을 수 없다"고 곽낙원이 만류하여 정정화 모자는 장시성 집으로 돌아왔다.

이 시기 정정화 부부는 독립을 위해 아무것도 하는 일 없이 시간을 보내면 나중에 무슨 면목으로 귀국을 하겠냐고 걱정할 때가 많았다. 그렇지만 이때가 정정화에게 전혀 의미가 없지는 않았다. 온 가족이 중국인으로 가장해야 하였기 때문에 본격적으로 중국말을 익히고, 중국 사람과 교류하였다. 중국에서 발행되는 신문·잡지·서적을 구해 읽으며 국제정세를 보는 안목을 키웠다. 우닝에서 김의한은 쑨원 기념 중산도서관 관장직을 맡고 있었는데 정정화는 이 도서관을 자주 찾았다. 이때 정정화는 집에서 『세계지식』이라는 월간지를 구독하였다. 이 잡지는 국제적 사건을 보도할 때 사건의 배경과 지역에 관한 소식을 알기 쉽게 풀어서 소개하였다. 1937년 열 살로 소학교 4학년이던 후동도 이때부터 신문이나 잡지를 즐겨 읽었는데, 특히 『세계지식』을 흥미롭게 읽고 세계정세와 지리를 공부하였다. 스페인 내전 관련 기사에서 소년병들이 총을 들고 있는 사진을 보고 "나도 커서 총을 들고 싸워야겠다"고 결심하곤 하였다.

1936년 연초에 난징에 머물고 있던 정정화의 주소를 수소문해서 작은시누이 영원과 조카 석동(당시 15세)이 찾아왔다. 석동은 시동생 용한의 아들이었다. 용한은 1922년 7월 시아버지 김가진의 장례를 치르고 상하이로 돌아가던 정정화와 동행하였다. 용한은 한 달 여를 상하이에 머문 후 귀국하였다. 하지만 의열단원인 김상옥金相玉과 우연히 한 배를 탄 것이 화근이었다. 김상옥은 1923년 1월 12일 종로경찰서에 폭탄을 던지고 현장을 빠져나갔으나 1월 22일 일본 경찰과 교전을 벌이다 순국하였다. 이 사건과 관련해서 용한은 심한 고문을 당하고 정신이상을 일으켜 온갖 고생을 하다 1928년 스스로 한강에 몸을 던졌다. 1934년 용한의 부인이 죽으면서 큰어머니 정정화에게 아들 석동을 키워달라는 유언을 남겼다. 정정화는 석동을 친자식처럼 키웠다. 석동은 1939년 2월 류저우柳州에서 한국광복진선청년공작대가 결성될 때 대원으로 참가하였고, 이후 광복군이 조직된 뒤에는 줄곧 광복군 요원으로 활동하였다.

영원은 의친왕 이강의 아들과 약혼을 한 사이였는데 김가진과 의친왕의 망명사건 이후 혼사가 이루어지지 않았다. 당시로서는 혼기를 놓친 스물세 살의 나이에 중국으로 온 영원은 독립운동에 뜻을 두고 있었다. 사실 영원은 김가진의 자녀들 중에서 재능이 가장 뛰어났다. 동덕여학교를 다닐 때 공부를 잘하였고, 아버지를 닮아 서예에 뛰어나 전국 여학생 서예대회에서 1등을 하기도 하였다. 재학 중 공산주의 계열의 독서회에 관련하여 유치장 출입을 자주 하였다. 종로경찰서는 골칫거리를 해결하기 위해 영원이 중국에 가겠다면 여권을 내주겠다고 하였다. 영원은 이에 응낙하여 중국으로 왔다. 하지만 영원은 중국 공무원으로 세월을 보내고 있는 오빠가 답답하였는지 1년 만에 귀국하고 말았다.

약진하는 김원봉과 민족혁명당　　　　한편 1930년대 중국 관내에 있던 좌파의 중심은 김원봉이었다. 김원봉과 윤세주尹世冑 등 13명은 1919년 11월 지린성吉林省에서 의열단을 결성하였다. 1920년부터 수십회의 의열활동을 전개하며 명성을 떨치던 의열단원 12명은 제1차 국공합작의 산물로 광저우에 설립된 황푸군관학교에 1926년 3월 제4기생으로 입교하였다. 이들은 6개월 동안 체계적인 군사·정치 교육을 받으면서 국공합작 이념에 바탕을 둔 민족협동전선운동을 심화시켜 나갔다. 또한 국민당 정부 장교들과 교류를 맺으며 내일을 준비하였다.

　김원봉은 1932년 10월 중국 국민당 정부의 지원으로 난징에 조선혁명군사정치간부학교를 설립하였다. 이 학교는 1935년 9월까지 3년 동안 1기생 26명, 2기생 55명, 3기생 44명의 간부를 배출하였다. 운영은 교장인 김원봉이 맡고, 중국 측은 재정을 지원하고 물자를 대주었다. 학생들은 6개월 동안 정치, 군사이론, 사격, 한국 역사와 지리, 만주 지리를 공부하였다. 한글학자 김두봉은 교관으로 참여하여 '조선어문'을 가르쳤다.

1935년 7월 5일 난징 중앙中央대학 안에서 좌우익 통일전선 정당으로서 조선민족혁명당이 창당되었다. 조선민족혁명당은 자주독립 완성, 민주공화국 수립, 평등한 경제조직 건설을 강령으로 내걸었다. 대한민국임시정부 국무위원 중에서 양기탁梁起鐸·유동열柳東說·김규식·조소앙趙素昻·최동오崔東旿가 조선민족혁명당 창당에 참여하였다. 김원봉은 난징에 있는 김구를 비밀리에 찾아 참여를 권유했다. 그러나 김구가 거절하였다.

| 김원봉

조선민족혁명당은 출범 초기 명실상부하게 통일전선의 성격을 갖췄다. 김원봉을 중심으로 하는 의열단 세력, 한국독립당의 김두봉과 조소앙, 조선혁명당의 최동오와 김학규, 신한독립당의 윤기섭·지청천池靑天·신익희申翼熙, 재미국민회의 위임대표 김규식 등이 조선민족혁명당에 참가하였다. 이후 조소앙과 지청천 세력이 잇따라 탈당하였지만 김원봉은 중국 국민당 정부 군사위원회에 근무하는 황푸군관학교 동기생들의 지원과 군사정치간부학교 출신 청년들을 기반으로 당 운영을 주도할 수 있었다.

| 조소앙

| 신익희

조선민족혁명당의 강령과 정책

朝鮮民族革命黨綱領及政策

綱領

一、建立新朝鮮之民主共和國。

二、在朝鮮境內徹底肅清日本帝國主義之殘餘勢力及親日派反動份子。

三、保障人民之言論，出版，集會，結社及信仰之自由。

四、沒收在朝鮮境內之日本帝國主義者，賣國賊及附日報，大企業收歸國營，土地分配給農民。

五、發展工業農業各種生產及消費的合作。

六、實施勞動者保護法，建立國防軍以保障國家之獨立與主人。

七、縮短勞動時間，實施開放各種社會保險事業。

八、婦女在政治、經濟、社會上權利及地位與男子一律平等。

九、實施兒童保育事業，禁止童工制。

運動偉大保護人民之企業經營。以國家經費實施人民之義務教育、職業教育。又以社會保險。

一、普及發揚朝鮮民族文化，積極發展科學與技術。

二、聯合中美蘇英法及其他民主友邦與遠東各民族，以嚴防日本侵略主義之再起，為遠東之鞏固扶久和平而努力。

2년 7개월 만에 돌아온 김구

대한민국임시정부는 상하이에서 탈출한 후 1935년 11월까지 항저우와 자싱에서 명맥을 유지하였다. 하지만 조선민족혁명당이 창당될 때 대한민국임시정부의 국무위원 7명 중 5명이 참여하는 바람에 임시정부는 국무회의조차 열 수 없었다. 1935년 11월 차리석車利錫·송병조宋秉祚·김붕준金朋濬·양명진·조완구는 자싱의 난후南湖에 유람선 한 척을 띄우고 임시의정원 정기회의를 열어 김구·이동녕·조완구·이시영·조성환을 국무위원으로 보선하였다. 2년 7개월 만에 임시정부로 복귀한 이동녕이 국무위원회 주석을, 김구가 외무장을 맡았다.

김구는 그동안 대한민국임시정부와 거리를 두고 군사부문 활동에 주력해 왔지만 임시정부 폐지론이 대두하자 이동녕과 함께 복귀를 결심하였다. 같은 해 11월 김구의 한인애국단과 대한민국임시정부 고수파는 한국국민당을 창당하였다. 이 사장은 김구가 맡았다. 한국국민당은 창당선언에서 일제의 박멸과 대한민국임시정부의 옹호, 완전한 민주공화국의 수립을 주장하였다. 강령으로 정치·경제·교육의 삼균주의, 토지와 대생산기관의 국유화, 국민생활의 평등화를 내걸었다.

이로써 중국 관내의 독립운동가들은 좌파연합의 조선민족혁명당과 우파연합의 한국국민당으로 양립하였다. 김의한은 한국국민당 창당에 참여하였으며, 정정화도 입당해서 독립운동단체에 처음으로 적을 두었다.

5
침략전쟁에 협력한 조선인들

중국 근대 민주혁명의 선구자인 쑨원孫文은 1911년 신해혁명을 통해 청나라를 무너뜨리고 공화국을 세우려 하였지만 위안스카이袁世凱로 대표되는 군벌의 힘을 꺾기에는 역부족이었다. 쑨원은 1924년 1월 군벌 타도와 국민혁명 완수를 위해 제1차 국공합작을 맺었으며, 같은 해 국민당을 강력한 중앙집권 정당으로 재조직하였다. 국공합작에 따라 광저우시에 황푸군관학교가 세워지고 장제스가 교장을 맡았다. 이 학교에서는 중국 공산당 출신들이 교관으로 다수 참여하였다. 쑨원의 유지를 받든 장제스는 북벌전쟁을 벌여 2년 만에 중국 전역을 대부분 장악하였다. 그리고 난징으로 수도를 옮긴 장제스가 1927년 4월부터 대대적으로 공산당 숙청에 나섰다. 이에 따라 새로운 내전이 시작되었다. 국공내전을 틈타 일제는 1931년 9월 18일 만주를 침략하였다. 장제스는 중국 공산당에 대한 공격에 매달려 지린성吉林省·랴오닝성遼寧省·헤이룽장성黑龍江省을 일제에 손쉽게 내줬으며 2년 후에는 러허성熱河省도 포기하였다.

장제스군의 포위작전에 고사 직전이던 중국 공산당군 8만 명은 1934

년 10월 16일 포위망을 뚫고 장시성江西省 서금 소비에트를 탈출하였다. 9600km를 걸어 1935년 10월 산시성陝西省 옌안延安에 도착한 인원은 불과 7000명이었다. 중국 남부지역의 근거지가 모두 붕괴된 중국 공산당은 장기 항전을 위한 근거지를 옌안에 마련하였다. 옌안은 중국 북서지역의 최대 도시인 시안西安에서 북쪽으로 200여 km 떨어진 작은 도시였지만, 이때부터 중국 공산혁명의 본거지 노릇을 하였다.

일제는 1934년 3월 괴뢰국인 만주국을 세웠다. 만주국은 변절한 조선인들을 내세워 독립운동의 근거지들을 압박해 나갔다. 대표적인 민족반역자는 김동한金東漢이다. 그는 원래 만주에서 공산주의운동을 하였지만 일제에 투항하여 1934년 9월 관동군 옌지헌병대 산하의 특무조직인 간도협조회를 만들었다. 1935년 현재 간도협조회 회원은 6411명인데 귀순자가 1898명이었다. 이들은 마을에서 일어나는 정보를 수집하고 항일부대에 식량을 제공하지 못하도록 이웃을 감시하였다. 또 수시로 특별공작대를 편성하여 항일부대의 근거지를 공격하였다. 1936년 3월 말 현재 간도협조회에 체포되거나 투항한 사람은 2284명에 달하였다. 김동한은 1937년 12월 동북항일연군 8군 1사 정치부 주임 김근에게 사살됐다. 만주국은 그의 1주기 때 대대적인 추모식과 동상 제막식을 열어 그의 죽음을 아쉬워하였다.

중국인 다수는 내전을 즉각 멈추고 일제에 결사항전을 벌여야 한다고 생각하고 있었지만 장제스는 이를 외면하였다. 결국 1936년 12월 시안사변西安事變이 터졌다. 12월 12일 장제스는 중공군에 대한 공격을 독려하기 위해 시안에 갔다. 이때 서북초비 부총사령 장쉐량張學良과 제17로

군 총사령 양후청楊虎城이 장제스를 감금하고 연공항일聯共抗日과 난징정부 개편, 쑨원 총통 유지 준수, 구국회의 즉시 소집, 정치범 석방, 민중애국운동 개방 등 8개항을 요구하였다. 12월 24일 풀려나 시안을 떠난 장제스는 공식 발표를 하지는 않았지만 제2차 국공합작을 받아들였다.

육탄으로 파시즘에 맞선 중국인 | 1937년 7월 7일 일제는 마침내 중일전쟁을 일으켰다. 그해 9월 장제스는 제2차 국공합작을 정식으로 선언하였다. 이 합작은 일제가 패망할 때까지 유지되었다. 개전 21일 만에 일본군은 베이징北京을 점령하고, 8월에는 상하이를 공격하였다. 12월에는 난징에 총공세를 퍼부었다. 12월 12일 난징을 점령한 일본군은 전무후무한 살육을 저질렀다. 이곳에서 30만 명이 목숨을 잃었다.

개전 초기 중국과 일본의 군비는 비교조차 할 수 없었다. 일본의 연간 철강 생산량은 580만 톤에 달하였고, 비행기 1580대, 탱크 330대, 대포 740문을 보유하고 있었다. 막강한 화력을 바탕으로 일본군 154만 명과 만주국 괴뢰군 118만 명이 중국을 공격하였다. 당시 중국은 연간 철강 생산량이 고작 4만 톤이었고, 경무기를 생산하는 정도였다. 일본은 1939년 기준으로 총병력의 83%를 중국 전선에 투입하였다. 미국을 상대로 태평양전쟁을 일으킨 후에도 전 병력의 70%를 중국 전선에 보냈다. 8년간 200여 차례의 큰 전투와 20여만 건의 작은 전투가 벌어졌다. 일본군은 방대한 중국 대륙 전체를 점령할 수 없었다. 점과 선으로 이어지는 주요 거점을 점령해 나갔다. 일본이 패망할 때까지 중국 군인과 인민 3500만 명이 죽었다. 뼈와 피로 방어막을 치며 반파시즘전쟁을 수행한 것이다. 중국인의 이런 희생이 없었다면 연합국이 반파시즘전쟁에서 승리를 쟁취하는 데 더 오랜 시간이 걸리고 더 많은 피를 흘렸을 것이다.

일제의 야만적 침략전쟁에 일부 조선인들이 적극 협력한 것은 우리 역사에서 치욕스러운 부분이다. 일제는 조선에서 수탈하거나 자발적으로 헌납받은 비행기를 침략전쟁에 대거 동원하였다. 문명기文明琦는 1935년 3월 육군에, 4월 해군에 비행기 한 대씩을 헌납하였다. 이 살상무기에는 '문명기호'라는 이름이 붙여졌다. 일제의 주구들은 1군郡1기 헌납운동과 직업·기업인·지주·조합·사찰·종교단체별로 비행기 헌납운동을 강요하였다.

일제는 조선청년들도 전쟁터로 내몰았다. 1938년 4월 육군특별지원병제가 시행됐으며 1939년 6월 조선인 첫 전사자(이인석 상병)가 나오자 어용문인과 변절한 '민족지도자'들은 대대적으로 미화작업을 벌였다. 시인 김동환金東煥은 동족의 개죽음을 미화하였다.

이인석군은 우리에게 보여주지 않았던가
그도 병兵되어 생사를 나라에 바치지 않았던들
지금쯤 충청도 두메의 이름 없는 농군이 되어
베옷에 조밥에 한평생 묻혀 지내었겠지
웬걸 지사, 군수가 그 무덤에 절하겠나
웬걸 폐백과 훈장이 그 제상에 내렸겠나.

자발적이고 적극적으로
중일전쟁에 참전한 조선

인들도 있었다. 정정화는 『장강일기』에서 난징학살의 현장에 조선인 출
신의 일본군 장교가 있었고 그가 훗날 국군의 장성이 되었다고 개탄하
였다. 그가 바로 이종찬李鍾贊이다. 그는 을사늑약 당시 법부대신을 지내
고 일본으로부터 작위를 받은 이하영李夏榮의 손자이고, 그 작위를 이어
받은 이규원李圭元의 장남이다. 일본 육군사관학교는 20년 동안 조선인
의 입학을 허용하지 않다가 이종찬에게 입학을 허용하였다. 이종찬은
1937년 6월 일본 육군사관학교를 제49기로 졸업하고 일본군 공병소위
로 임관하였으며, 중일전쟁이 터지자 그 해 8월 상하이전투에 투입되었
다. 12월에는 난징공략에 참가하였다. 이종찬은 3년간 중국전선을 전
전하다가 1940년 겨울 후방으로 배치돼 일본군 최고영예라는 공5급 금
치金鵄훈장을 받았다. 조선인으로서 금치훈장을 받은 사람은 이종찬이
유일하다.

그는 해방 후 육군참모총장과 국방장관을 지냈고, 유신정우회 소속
의 제9대 국회의원을 지냈다. 1952년 5월 부산 정치파동 당시 이승만
대통령의 군 병력 투입 요구를 거부해서 육군참모총장에서 해임되었다
는 이유로 '참군인'이라는 칭호가 붙어 있지만 이렇게 어두운 경력은 영
원히 지울 수 없다.

김석원金錫源도 중일전쟁에서 일제에 충성을 다하였다. 1915년 일본
육군사관학교를 제27기로 졸업하고 일본군 소위로 임관한 김석원은
1931년 9월 일제가 만주를 침범할 때 제20사단 제78연대 기관총대 대

장으로 참전하였다. 중일전쟁이 일어나자 다시 출전해서 베이징 부근 난위안南苑에서 1개 대대 병력으로 중국군 1개 사단과 맞서 난위안 행궁을 점령하는 전과를 올렸다. 김석원이 19개월 동안 100여 회의 전투에 가담한 후 1939년 3월 조선으로 돌아오자 대대적인 환영행사가 벌어졌다. 김석원은 '전쟁영웅'으로 떠받들어졌으며 '김석원 부대장을 찬양하는 노래'까지 등장하였다. 김석원은 그 해 4월부터 11월까지 전국의 군청 소재지를 거의 빠짐없이 순회하며 침략전쟁에 조선인들이 참가하도록 선동하는 강연을 하였다. 1942년 2월에는 중일전쟁에서의 공로를 인정받아 '수훈갑, 공3급 욱일중수장旭日中綬章'을 받았다. 일제가 패망할 때 일본군 대좌였던 그는 1948년 12월 대한민국 육군사관학교 특임8기로 졸업하고 대령으로 임관해 제1사단장을 맡으며 변신에 성공하였다. 그의 차남 김영수金泳秀도 일본 육군사관학교를 1944년 7월에 졸업하고 일본군 소위로 임관하였다. 그는 1945년 4월 필리핀 지역에서 전사하였다. 김석원은 해방 후에야 무공을 떨치는 것이 조선인의 우수성을 보여주는 것이라고 생각하였던 것이 후회스럽다고 하였다.

이종찬이나 김석원처럼 일본 육군사관학교를 졸업하고 장교로 임관하는 것은 식민지 청년이 노릴 수 있는 최고의 신분상승이었다. 일본 사회는 황족-화족-사족-평민의 계급구조를 갖고 있었다. 일본군 장교 임관은 평민에서 사족으로 신분상승이 이루어지는 것을 의미하였다. 그러나 식민통치 36년 동안 일본 육군사관학교를 졸업해서 일본군 장교로 임관한 사람은 63명에 불과하였다.

육군사관학교를 마치고 일본군 소위로 임관하면 바로 고등관 8등이 됐고, 중위로 진급하면 고등관 7등으로 승급되었다. 일본 고등문관시험 행정과에 합격해서 2년 남짓 시보 근무를 마치면 고등관 7등 군수로 임용된 것과 비교할 때 군인들이 파격적인 대우를 받았다는 것을 알 수 있다.

항일무장부대 토벌을 맡은 간도특설대

중일전쟁 시기 만주에서는 좌파계열이 주도하는 무장독립투쟁이 치열하게 전개되었다. 1937년 6월 4일 동북항일연군 제1군 제6사 김일성 부대가 압록강을 건너 함경북도 갑산군 혜산진 보천보의 경찰관주재소 등을 습격해 그 존재를 세상에 크게 알렸다. 일제와 만주국은 게릴라전에 대응하기 위한 특수부대가 필요하였다. 1938년 9월에 출범한 특수부대 간도특설대는 총인원 740명 중 절반 이상이 조선인이었다. 1939년 8월 24일 동북항일연군 제3방면군 제3단 등의 항일부대가 안투현安圖縣 다사허大沙河에서 일본-만주국 간도특설대연합군 100여 명을 궤멸시켰지만, 간도특설대는 일제가 패망할 때까지 108차례 작전을 벌여 항일무장세력과 민간인을 학살하거나 고문하였다.

만주국 중앙육군훈련처(일명 봉천군관학교)를 제9기로 졸업하고 1943년 만주국군 중위로 간도특설대에 복무하였던 백선엽白善燁은 다음과 같이 말했다.

"우리들이 쫓아다닌 게릴라 가운데 많은 조선인들이 섞여 있었다. …… 주의·주장의 차이는 있다고 해도, 한국인이 독립을 요구하며 싸우고 있는 한국인을 토벌한 것이기 때문에 오랑캐로 오랑캐를 제압하려는 일본의 책략에 그대로 끼인 모양이 되었다. …… 우리가 진지하게 토벌하였기 때문에 한국의 독립이 늦어진 것도 아닐 것이고, 우리가 역으로 게릴라가 되어 싸웠다고 해도 독립이 빨라진다는 것은 있을 수 없다. 그래도 동포에게 총을 겨눈 것은 사실이고 비판받아도 할 수 없다."

백선엽처럼 만주국의 단기교육기관인 중앙육군훈련처나 그 뒤를 이은 4년제 육군군관학교(일명 신경군관학교)를 졸업하고 만주국군 장교로 임관한 조선인은 모두 66명이다. 이들 중에서 일제에 대한 충성심을 인정 받은 17명은 일본 육군사관학교 본과에 입학하는 특혜를 받았다.

만주국군 장교 66명 중에서 28명이 해방 후 대한민국 국군의 장군에 올랐다. 이들은 상당수가 5·16 군사쿠데타에 적극 가담할 정도로 권력 지향적이었다.

일제치하 36년 동안 조선인 중에서 일본 육군사관학교 출신 일본군 임관자는 63명, 만주국 군관학교 출신 만주국군 임관자는 66명이다. 1년에 평균 3.6명만이 이런 특혜를 누린 것이다. 이들 129명 중에서 독립운동 진영에 참여한 사람은 일본 육군사관학교 23기 1명, 26기 2명, 27기 2명을 합쳐 5명뿐이다.

23기인 김경천金擎天은 1919년 만주로 망명하여 신흥무관학교 교관을 지냈으며, 이후 러시아에서 고려혁명군 지휘관으로서 항일무장투쟁을 전개하였다. 1923년에는 상하이에서 열린 국민대표회의에 참석해서 창조파의 일원으로 활동하였다.

26기인 지청천은 1914년 12월 일본군 소위로 임관해 중위로 승진하였으나 1919년 만주로 망명하여 독립운동을 하였고, 1940년 8월부터는 대한민국임시정부 광복군 총사령으로 활동하였다. 같은 26기인 조철호趙喆鎬는 졸업을 하면 독립운동에 투신하기로 지청천과 맹약을 하였다. 서울 용산에 주둔한 조선군 제20사단에 배속된 후 만주로 망명하려다 체포되어 총살형 위기를 넘기고 제대를 하였다. 이후 오산·중앙·보성학교 체육교사로 일하면서 독립운동을 벌여 두 차례 투옥 당하였다.

27기인 이종혁李種赫은 1924년부터 만주에서 항일무장투쟁에 참여하였다. 1928년에는 참의부 집행위원장으로 활동하였다. 일본 경찰에 체포되어 5년간 옥고를 치렀다. 같은 27기인 이동훈은 상하이로 망명할 뜻을 세웠으나 일찍 병사하였다.

광복군 통수부 참모총장을 지낸 유동열은 일본 육군사관학교 15기(1902년 12월 입교, 1903년 11월 퇴교)와 함께 교육을 받고 대한제국 장교로 임관하였으니 일본군 출신은 아니다.

따라서 해방 후 군과 정부의 요직을 지낸 정일권이 회고록에서 만주지역 독립운동가의 권유로 해방된 조국의 군사력을 준비하기 위해 1936년 6월 봉천군관학교에 들어갔다고 주장하는 것은 구차스러운 변명에 지나지 않는다. 또한 간도특설대 출신 일부 인사들이 "간도특설대는 김일성과 싸웠지, 독립군과 싸운 적이 없다"고 하는 항변도 백선엽의 비교적 솔직한 고백 앞에서는 무색해진다.

6

희망을 버릴 수 없었던 대장정

1937년 7월 7일 한인들이 그렇게 고대하던 중일전쟁이 터졌다. 한인 독립운동가들에게 중일전쟁은 기회이자 희망이었다. 1937년 7월 10일 장제스 중국 군사위원회 위원장은 김구·김원봉·유자명을 초빙해서 한·중연합전선 구축과 재정 지원을 제의하였다. 장제스의 제안을 받아들여 좌우파 진영은 전열 정비에 나섰다. 8월 17일 난징에서 한국국민당 김구, 조선민족혁명당 창당 두 달 만에 탈당해서 한국독립당을 재건한 조소앙·홍진 세력, 조선민족혁명당에서 김원봉과 주도권을 다투다 1937년 4월 제명되어 조선혁명당을 창당한 지청천·최동오 세력, 한인애국단, 미주 5개 단체를 포함하는 9개 단체는 한국광복운동단체연합회(광복진선)를 결성하였다. 우파 민족주의 진영의 통일전선인 광복진선은 대한민국임시정부를 지지하고 옹호한다는 입장을 밝혔다.

그 해 11월에는 김원봉이 이끄는 조선민족혁명당을 중심으로 조선민족해방운동자동맹의 김성숙, 조선청년전위동맹의 최창익, 무정부주의자 유자명의 조선혁명자연맹이 한커우漢口에서 조선민족전선연맹(민족전선)을 결성하였다. 좌파통일전선이 이루어진 것이다. 이들은 대한민국임시정부의 존재 자체를 인정하지 않았다. 양 진영 모두의 공통과제는 군사간부 양성과 무장조직 결성이었다.

난징을 거쳐 창사로 집결한 대가족 | 중국 대륙이 전화에 휩싸이는 가운데 대한민국임시정부는 더욱 안정적인 근거지가 필요하였다. 1937년 11월 우파 민족주의 진영의 대가족은 난징으로 집결하였다. 김구와 안공근 가족이 먼저 영국 기선을 타고 한커우로 이동하였다. 신건식·신순호 부녀, 지청천·지복영 부녀를 포함한 대가족 100여 명은 배를 타고 우창武昌으로 갔다가 다시 기차를 타고 후난성湖南省 창사長沙로 이동하였다. 조성환曹成煥과 조완구는 대한민국임시정부 문서를 갖고 전장鎭江에서 바로 창사로 왔다. 광저우에 나가있던 양우조楊宇朝·최선화崔善嬅 부부도 창사로 왔다.

1938년 2월 초 김의한은 4년의 중국 공무원 생활을 미련 없이 버리고 가족과 함께 창사로 왔다. 이제는 다시 일할 때가 됐다고 생각한 것이다. 김의한 가족은 비좁은 방에 침대 두 개를 놓고 방안에서 취사를 하였는데, 이런 단칸방 생활을 해방될 때까지 벗어나지 못하였다.

대한민국임시정부가 창사로 이주한 다음 김구와 친분이 있던 장즈중張治中이 후난성 주석으로 부임한 덕에 이들은 신변보호를 받을 수 있었다. 장즈중은 상하이 주둔 중국군 제5군단장을 지내 윤봉길 의거의 주역인 김구에게 호의적이었다.

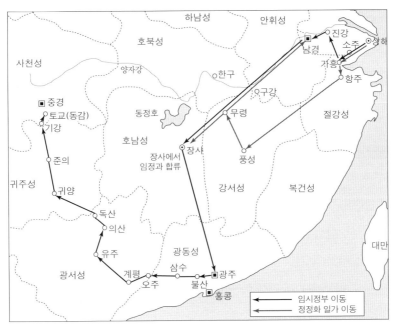

| 임시정부와 정정화 일가의 이동경로

　우파 민족주의 진영의 대가족은 창사에서 8개월을 머물렀지만 자녀들에 대한 민족교육을 소홀히 하지 않았다. 10여 명뿐 소학생을 위해 대한민국임시정부는 학교를 운영하였다. 이달李達이 교장을 맡았으며 중산대학을 다닌 송면수·김효숙 부부가 국사와 국어를 가르쳤고, 김철이 노래와 춤을 맡았다. 이곳에서도 3·1절 기념식은 큰 행사였다. 1938년 3월 1일 큰 강당을 빌려 기념식을 하는데 태극기를 게양하는 순서에서 장내가 울음바다로 변하였다.

　그로부터 열흘 후 도산 안창호가 순국하였다는 소식이 전해졌다. 3·1절 기념식이 열렸던 장소에서 추도식이 거행되었다. 정정화와 모든 사람들은 많은 눈물을 흘렸다.

대한민국임시정부가 창사를 떠날 때 이달은 우한으로 갔다. 그는 이곳에서 1938년 10월 조선민족혁명당이 주도해 결성한 조선의용대에 참여하였다. 충칭에서 조선의용대와 광복군에 가담해 활동한 이달은 1942년 후두암으로 사망하였다. 옌안으로 갔던 김철은 대한민국임시정부 국무위원을 지낸 김철金澈과 동명이인이다.

1938년 5월 창사에서 충격적인 사건이 벌어졌다. 이 무렵 김구는 대한민국임시정부 외무장이자, 대한민국임시정부 사수파인 한국국민당의 이사장이었다. 김구 등이 조선혁명당 청사로 이용하던 남목청에서 저녁 식사를 하고 있는데 전前 조선혁명당원 이운환이 권총을 난사한 것이다. 이로 인해 조선혁명당 간부 현익철玄益哲이 사망하고, 김구와 조선혁명당 간부인 유동열·지청천이 중경상을 입었다. 김구가 입원하자 장제스는 여러 차례 위로 전문을 보냈으며, 한 달 후 퇴원할 때는 인편에 치료비 3000원을 전하였다.

이운환이 중국 경찰에 체포됐다가 이내 탈옥해서 사건의 배후나 배경은 정확하게 밝혀지지 않았다. 김구는 불평분자들의 난동으로 보았는다. 일본 측 정보보고에 따르면 남목청 회동은 지청천과 현익철이 김구로부터 다액의 활동자금을 받은 데 대해 사례하는 자리였다고 한다.

대한민국임시정부가 잡은 최종 목적지는 중국 남부의 광저우였다. 임시정부는 일본군의 공격도 피할 수 있고, 홍콩이나 프랑스의 식민지인 베트남과 가까워 국제교류에도 도움이 될 것으로 보았다. 김구는 총상 후유증으로 절룩거리는 발을 이끌고 장즈중을 찾아가 도움을 청하였다. 대한민국임시정부의 대가족은 1938년 7월 19일 새벽 4시 우한에서 광둥성廣東省 광저우를 잇는 아오한톄루粵漢鐵路 기차를 탔다. 장즈중은 객차 한 칸을 내주고, 광둥성 주석 우톄청吳鐵城에게 보내는 친필 소개장을 써줬다. 훗날 중국 정부의 중앙집행위원회 비서처 비서장을 맡은 우톄청은 김구와 대한민국임시정부의 변함없는 후원자 역할을 하였다. 대가족 100여 명 중에는 태어난 지 보름밖에 안돼 대바구니에 담긴 양우조·최선화 부부의 딸 제시도 있었다. 이때 이시영과 이동녕은 일흔 살이었다. 조소앙의 부친 조정규趙禎奎는 팔십을 바라보고 있었다.

기차는 창사에서 광저우까지 사흘을 달렸다. 한여름 폭염에다 좁은 열차 안에서 100여 명이 복작거리니 고통이 이루 말할 수 없었다. 일본군 비행기의 공습을 만나면 모두 기차에서 내려 주변 수풀 속에 숨었다. 기차가 도시를 지나면 가족별로 배당받은 돈을 들고 나가 음식물을 사왔다. 7월 22일 이른 아침 기차는 광저우 남쪽 황사정거장에 도착하였다. 기차가 도착하자마자 기다렸다는 듯이 일본군 비행기가 공습을 가했다.

대가족은 아세아여점에 여장을 풀었다. 대한민국임시정부는 이곳에서 오래 머무를 것으로 예상하고 둥산바위위안東山柏園을 청사로 삼았지만 일본군은 인구 밀집지역인 광저우에 연일 폭격을 퍼부었다.

등 뒤로 기관총 소리 들으며 탈출

9월 19일 대한민국임시정부 대가족 40여 명은 기선汽船을 타고 시내에서 25km 떨어진 포산佛山으로 이동하였다. 포산에서 대가족은 흩어져서 살며 임시정부에서 가족 수대로 주는 생활비를 받아 살았다. 임시정부는 큰 집 한 채를 빌려 청사로 사용하였다. 임시정부 전체 살림은 비서장인 차리석이 맡았다. 그는 없는 살림을 꾸려나가느라 자신부터 검소함과 엄격함을 철저하게 지켰다. 김의한은 비서처의 단 한 명뿐인 비서직을 맡아 중국 지방관서와 관련된 업무를 처리했다. 정정화는 임시정부의 안살림을 맡아 독신으로 사는 이동녕·이시영·송병조·차리석·조완구 등을 모셨다. 어른들과 정정화 모두가 그걸 원하였다.

항공모함을 기지로 삼아 광둥성에 공습을 퍼붓던 일본군은 10월 초 전격적으로 광둥성 동남 해안에 상륙해서 광저우로 진격하였다. 이때 김구는 기차를 이용하여 창사로 간 후 그곳에서 조성환과 나태섭을 데리고 장즈중이 제공한 자동차를 타고 충칭으로 떠났다. 김구는 충칭에 가서 대가족의 이동을 위한 여비를 마련해야 하였다. 10월 19일 새벽 3시 30분 대한민국임시정부 대가족 40여 명은 포산역으로 집결하였다. 이미 대가족의 등 뒤에서는 일본군의 기관총 소리가 들리고 있었다.

서로 기차를 타려는 아수라장 속에서 중국 정부는 대가족에게 객차 한 칸을 내주었다. 정정화 일가를 포함한 대가족은 새벽 4시 30분 광저우에서 싼수이三水로 가는 기차(廣三鐵路)에 올라탔다. 이날 아침 10시 기차가 싼수이에 도착할 무렵 짐을 챙기고 있는데 갑자기 공습경보가 울렸다. 여자들의 날카로운 비명소리가 들리고 여기저기서 아이들의 울음소리가 터졌다. 기차에서 내린 대가족은 정신없이 근처 사탕수수밭으로 달려가 엎드렸다.

10월 20일 오후 7시 대가족은 싼수이현 정부가 제공한 목선에 올라

탔다. 중국의 4대강은 창장長江·황허黃河·헤이룽장黑龍江·주장珠江이다. 주장은 물살이 매우 거세어 앞에서 기선이 목선을 끌어주어야 올라갈 수 있다. 목선은 23일 오후 9시 가오야오高要에 도착하였다. 이곳에서 광저우를 출발해 이틀 전에 도착한 사람들을 만나 일행은 140여 명으로 늘어났다. 24일 오후에 더 큰 목선으로 갈아탔다. 이틀 동안 동북쪽으로 올라가 광시성 초입에 있는 우저우梧州에 도착하였다. 다시 이틀을 더 올라가서 28일 광시성 구이핑현桂平縣에 다다랐다.

대가족의 목적지는 류저우柳州인데 여기까지 목선을 예인한 기선으로는 주장의 거센 물살을 헤치고 올라갈 수 없었다. 이곳에서 다른 기선을 구하느라 20일을 지체하였다. 대가족은 구이핑 부둣가에서 나뭇가지를 주워다 불을 붙이고 솥을 걸어 식사를 해결하였다. 가족없이 홀로 지내는 국무위원의 식사 시중은 정정화의 몫이었다. 배가 잠시 정박하면 육지로 올라가서 시장을 봐오는 것이 주요 일과 중 하나였다. 11월 16일 오후 싼수이 선박사령부에서 보낸 '리싱利行'이라는 작은 기선이 왔다. 이날 오후 4시 30분 목선을 밧줄로 연결한 기선은 100여 개의 여울을 헤치며 북으로 올라갔다. 배가 여울에 갇혀 하룻밤을 꼬박 보내기도 하였다.

11월 24일은 음력으로 10월 3일 개천절이었다. 비록 피난 중이라도 술과 고기를 준비해 배 안에서 잔치를 벌였다. 11월 28일 물살이 더 빨라지고 수많은 여울이 불쑥 불쑥 나타나 더 이상 기선이 앞으로 나갈 수 없었다. 이날부터 뱃사공과 건장한 청년들이 배에서 내려 강변을 따라 올라가며 밧줄에 연결된 목선을 끌었다. 이렇게 하루에 이삼십 리 또는 운이 좋으면 오십 리를 움직였다. 물살이 아주 거센 곳에서는 저만큼 앞쪽에 있는 든든한 바위에 밧줄을 매어놓고 배의 머리 부분에 설치된 인력장치를 천천히 감아가면서 조금씩 앞으로 나갔다. 이런 날은 하루에 이십 리도 나갈 수 없었다.

선상 생활도 한 달 열흘이 지났다. 그냥 경치 좋은 강을 따라 유람하듯 올라온 것이 아니라 제대로 씻지도 못하고 수시로 울리는 공습경보에 숨을 죽이는 불안한 나날이었다.

11월 30일 오전 9시 마침내 목선이 류저우에 도착하였다. 짐을 내리려던 차에 다시 공습경보가 울려 오후 2시까지 꼼짝하지 못하였다. 류저우도 제공권을 장악한 일본군의 공습을 피할 길은 없었다. 류저우에

| 임시정부 요인들이 도착한 류저우부두 전경

는 석회암 동굴이 많았다. 류저우시를 흐르는 강 남쪽에 산이 길게 늘어
서 있고, 이곳에 천연동굴이 99개나 있었다. 폭격으로 동굴 입구가 막
히면 그대로 무덤이 되지만 공습경보가 울리면 그곳으로 뛰어가야만 하
였다. 하루에 세 번이나 공습경보가 울리는 날도 있었다. 대나무숲 속이
나 나무 밑에 숨어도 위험하기는 마찬가지였다. 일본군 비행기는 저공
비행을 하며 민간인에게도 기관총을 난사하였다. 중일전쟁이 일어나기
를 그렇게 원하였지만 그 날 이후 정정화를 비롯한 한인들의 삶은 하루
한시도 편할 날이 없었다.

대가족 여비로 내놓은 비상금

먼저 충칭으로 간 김구는 군수
물자를 실어 나를 차량도 없다

는 중국 정부를 겨우 설득하여 버스 여섯 대와 여비를 마련하였다. 대가
족과 대이동을 함께 하였던 김구의 어머니와 아들은 트럭 옆자리에 앉
아 먼저 충칭으로 떠났다. 1939년 4월 6일 정정화 가족을 포함한 1진
100여 명이 버스 여섯 대에 나누어 타고 류저우를 떠났다. 광시성에서
쓰촨성으로 가려면 구이저우성貴州省을 거쳐야 하였다. 첫날밤을 이산宜山
에서 묵었다. 일단 중간목적지를 구이저우성 수도인 구이양貴陽으로 잡
았다. 구이양에서 버스를 갈아타기로 하였는데, 버스회사의 요구액이
예상보다 높아 충칭에 있는 김구에게 추가 지원을 요청하였다. 이 때문
에 대가족은 여관에서 사흘을 지체하였다. 100여 명이 여관에서 며칠을
지내려면 그만큼 경비가 더 들어 참으로 딱한 노릇이었다.

이때 정정화는 김의한이 전원공서에서 일하던 시절에 저축해 두었던
돈으로 인플레에 대비해 사놓은 은제식기를 판 돈 200원을 이동녕에게
대가족의 여비로 내놓았다. 앞날을 예측할 수 없는 상황에서 나름대로
비상금을 비축해 놓는 것은 인간의 생존본능이다. 이런 상황에서 전체
를 위해 비상금을 선뜻 내놓을 수 있는 사람이 바로 정정화였다. 이동녕
은 깜짝 놀라면서 반가워하는 듯하였지만 금세 낯빛이 어두워졌다. 궁
색하고 앞날을 알 수 없는 임시정부의 사정이 드러난 것이 가슴 아팠기
때문이다.

김구에게서 여비가 도착하자 대가족은 구이양에서 북쪽으로 다시 행
로를 잡았다. 수많은 산을 넘어야 하였다. 굽이굽이 72 고갯길 중에는
버스가 한 번에 회전을 못하는 곳도 많았다. 4월 13일 대가족은 충칭에
서 남쪽으로 100km 정도 떨어진 치장현綦江縣에 짐을 풀었다.

4월 22일 오후 1시 반 양조우·최선화를 포함한 2진 20여 명이 류저우를 출발하였다. 2진 일행은 김구가 중국 정부와 교섭해서 보내준 버스에 올라탔다. 산자락에 걸려있는 논밭에는 밀이 누렇게 익어가고 메밀꽃도 왕소금을 뿌린 듯 피어 있어서 고국의 빈한한 산간마을을 보는 듯하였다. 100km를 달려 1진과 마찬가지로 이산에서 첫날밤을 보냈다. 둘째날은 200km를 달려 두산獨山에서 쉬었다. 길은 점점 험해지고 모퉁이를 돌 때마다 아슬아슬한데 비마저 내렸다. 셋째날에는 150km를 가서 구이양에 머물 요량으로 아침 7시에 출발하였다. 강을 만나면 배에 버스를 실어야 하였다. 구이양에 못 미쳐 버스 한 대가 고장나 부품을 구하여 고치느라 저녁 8시에야 숙소에 도착하였다. 험한 길을 달려온 버스도 휴식이 필요하였다. 덕분에 일행은 이틀을 구이양에서 쉬었다. 구이양은 농토가 많지 않고, 암반이 많은 곳이라 널찍한 바위 위에 해마다 새흙을 깔아 농사를 지을 정도로 척박한 곳이다. 이곳마저 일본군의 공습으로 중심지는 폐허로 변해 있었다.

4월 28일 차 수리가 끝나 운전수만 바꿔 다시 출발하였다. 여기서부터는 산길이 더 험해졌다. 곳곳에 자동차가 넘어져 있는 것이 보였다. 궂은비가 내려 운전은 더 위험하였다. 이날은 180km를 달려 퉁쯔현桐梓縣에서 쉬었다. 4월 29일에는 전날보다 더 험한 산길을 지나야 하였다. 러우산관婁山關이라는 높은 고개를 넘을 때 빗길에 버스가 미끄러지며 도랑에 처박혔다. 다행히 다친 사람은 없었으나 일꾼들이 와서 버스를 끌어내는 데 4시간이나 걸렸다. 이날은 둥시東溪에서 묵었다. 4월 30일 아침 9시쯤 버스가 치장에 도착하였다. 류저우를 떠난 지 7일 만이었다.

대한민국임시정부와 대가족이 1932년 4월 29일 이후 상하이를 탈출해서 치장에 정착하는 데 꼬박 7년이 걸렸다. 이동거리는 5000km가 넘었다. 대가족은 이 피난행로를 '만리장정'이라고 부르기도 하였다. 대한민국임시정부는 치장 시내에서 조금 떨어진 타이쯔샹 30호(훗날 상승제 607호로 변경됨)에 100여 명이 묵을 수 있는 집 한 채를 얻었다. 시내와 좀 가까운 린장제臨江街 43호에는 방 몇 개를 따로 얻어 대한민국임시정부 청사와 이동녕 등 독신 국무위원들의 숙소로 삼았다. 정정화 가족도 그 옆집에 방을 얻어 기거하며 국무위원들의 식사와 뒷바라지를 하였다.

조소앙·조시원·홍만호·양우조 가족 등은 치장 맞은편의 신제쯔新街子라는 마을에서 따로 살았다. 희망이 이어졌다 끊어지곤 하는 기나긴 망명생활은 사람들을 병들고 지치게 하였다. 1939년 11월 1일 새벽에 조소앙의 부친 조정규가 물웅덩이에 빠져 사망하였다. 팔십이 다 된 나이에 대장정을 이겨냈지만 20여 일 전에 먼저 떠난 부인 박필양을 따라간 것이다. 조정규의 6남 1녀 중 용하·소앙·용주·용한·용제(딸)·시원, 자부 이순승(시원의 부인), 손자 시제(소앙의 차남)·인제(소앙의 3남), 손녀 순옥(시원의 장녀)과 손녀사위 안춘생을 합쳐 일가족 11명이 대한민국 건국 후 독립유공자로 선정되었다.

창장을 따라 충칭으로 간 민족전선 대가족 대한민국임시정부와 그 가족들이 난징-창사-광저우-류저우-치장을 전전하는 동안 조선민족혁명당은 다른 경로를 택하였다. 윤봉길 의거 직후 상하이를 빠져나온 이들은 난징으로 집결하였다. 중일전쟁이 터진 후 난징에도 바로 일본군의 폭격이 시작되었다. 1937년 12월 12일 난징이 무너지자 장제스 정부는 수도를 충칭으로 옮기며 창장과 한수이漢水의 합류지점에 있는 후베이성 한커우漢口를 작전기지로 삼아 항전에 나섰다.

1937년 11월 조선민족혁명당 등 좌파 4개 단체는 연합하여 조선민족전선연맹(민족전선)을 결성하였다. 11월 14일 민족전선 대가족 90여 명은 중국 측이 제공한 목선 7척에 분승해서 난징을 떠났다. 창장을 따라 올라가 12월 16일 한커우에 다다랐다. 이곳에서 큰 집 하나를 빌려 대가족이 함께 거주하였다.

민족전선은 청년과 가족들을 분리하였다. 1938년 1월 8일 윤기섭이 이끄는 가족들은 기선을 타고 한커우를 출발하였다. 추운 겨울철에 창장은 거센 파도와 뼈 속까지 스며드는 강풍을 뿜어댔다. 민족전선 대가족은 3월 13일 충칭에 안착하였다. 처음부터 목적지를 충칭으로 잡고, 창장을 따라 올라가는 뱃길을 택하였기에 넉 달 만에 대이동을 끝낼 수 있었다.

한편 김원봉은 한커우에 남아 조선민족혁명당 본부를 설치하였다. 1938년 10월 10일 민족전선은 중국 정부의 지원을 받아 중국 관내에서 최초로 한인군사조직인 조선의용대를 결성하였다.

조선의용대는 1940년 2월 본부와 3개 지대 330명으로 규모가 커졌다. 부대원들은 중국군의 6개 전구와 13개성 전지에 배속되어 일본군 포로 심문, 대일본군 반전 선전활동을 벌였다. 일본 방송 청취와 일본

문건 번역도 맡았다. 이 시기의 조선의용대는 '무장한 정치선전대'라고 할 수 있다. 조선의용대는 조선혁명군 결성을 목표로 하였으나 중국군은 학력이 높고 일본어를 구사할 수 있는 조선의용대원들을 직접 전투에 참가시키지 않고 정치공작에 활용하였다.

1938년 10월 27일 한커우가 함락되기 직전에 이곳을 떠난 김원봉과 조선의용대는 류저우에 가까운 구이린桂林으로 갔다. 그리고 이들은 지금은 칠성공원으로 불리는 곳에 본부와 숙영지를 두었다.

7
대가족의 '종부' 역할을 수행

　정정화는 1940년을 치장에서 맞이하였다. 시아버지를 따라서 중국에 첫발을 디딘 지 벌써 20년이 지났고 나이도 어느새 사십 줄에 들어섰다. 독립자금 마련을 위하여 거룻배로 압록강을 건너고, 허겁지겁 숨고 도망치며 20년을 보냈건만 조국의 해방은 요원하기만 하였다.

　고단한 피난살이 속에서도 아들 후동은 소학교를 여섯 군데나 옮겨 다니며 학업을 중단하지 않았다. 정정화도 시간이 날 때마다 책에서 손을 떼지 않았다. 정정화 부부가 대가족 안에서 신망을 잃지 않은 것은 시아버지의 후광도 있었지만 임시정부 일이라면 궂은 일을 마다하지 않고 뛰어다녔기 때문이다. 정정화는 그때의 심경을 이렇게 말했다.

　"나 자신이 주변 사람의 입에 오르내릴 때마다 내 심정은 더욱 착잡해지곤 하였다. 나는 스스로 조국 독립을 위한 항일투쟁의 선봉에 나섰다고 생각해 본 적이 없다. 그럴 만한 능력도 자질도 없는 사람이고, 그저 평범한 여느 아낙네와 다를 바 없는 사람이었다. 다만 사람은 시기와 분수에 맞추어 살아야 한다는 말을 곧이곧대로 믿고 따르는 사람일 뿐

| 한국혁명여성동맹창립기념(1940년 6월 17일)

이었다."

　　정정화가 단체에 참여한 일은 많지 않다. 상하이에 있을 때는 부인회
에 참여하는 신식교육을 받은 신여성들이 다른 사람의 눈 밖에 나는 행
동을 한다며 일부러 멀리하였다. 하지만 1935년 11월 한국국민당 창당
에 이어 1940년 4월 우파연합의 한국독립당이 창당될 때 당원으로 참여
하였다. 한국독립당의 산하단체이자 여성단체인 한국혁명여성동맹에서
간사를 맡았다.

정정화는 시대상황 때문에 망명정부의 구석자리 하나를 충실히 지키고 있을 뿐이라고 하였지만 그녀의 자리는 컸다. 대한민국임시정부와 광복군에서 외국인 손님을 접대하거나 내부 행사가 있을 때면 부인들을 모아서 책임지고 잔치를 치르는 건 정정화의 몫이었다. 특히 많은 사람들이 한울타리 안에서 생활고를 겪으며 6년이나 함께 산다는 것은 쉬운 일이 아니다. 대가족 안에서 문제가 생기면 항상 겸손하고 사람을 마음으로 대하는 정정화의 의견이 크게 작용하였다. 다혈질이고 직선적인 김의한은 다른 사람과 언쟁이 잦은 반면 정정화는 참을성이 있었으며 너그러운 성품으로 누구에게나 잘해주는 성격이었다. 김의한과 거리를 두는 사람들도 정정화와는 가깝게 지냈다.

그런데도 정정화는 다른 이들의 눈에 자신이 무슨 큰일이나 한 사람처럼 비칠 때면 그 자리를 비켜서고 싶은 마음이 간절하였다. 국내나 만주에서 광복을 위해 투쟁하고 있는 유명·무명의 애국지사들을 생각하면 자신의 모습이 부끄럽다고 생각하였다.

정정화의 성품을 읽을 수 있는 일화가 있다. 난징에 살던 때 항상 집에서 직접 만든 중국식 헝겊신을 신고 다니는 정정화가 안쓰러웠는지 이시영이 구두 한 켤레를 사줬다. 구두가 귀한 물건이기도 하였지만 선생의 마음이 고스란히 전해지는 것 같아서 몇 번 신지도 않고 소중히 간직하였다. 고국으로 돌아올 때도 간직하였는데 그만 6·25전쟁 와중에 잃어버렸다.

충칭에서 한인들은 크게 세 곳에 나뉘어 살았다. 한국독립당을 중심으로 하는 우파 민족주의 계열은 충칭 시내와 그곳에서 남쪽으로 30km

藕泉趙琓九 兩位先生花甲紀念
東岩車利錫 1941. 9.23 市廳우리村

| 충칭시기의 임시정부 요인

떨어진 둥칸洞坎에서 살았고, 조선민족혁명당을 중심으로 하는 좌파계열
은 난안南岸에 주로 거주하였다.

1941년 1월 정정화 가족은 치장을 떠나 둥칸으로 옮겼다. 둥칸의 행
정구역은 바현巴縣 투원향土文鄕인데 투차오土橋로도 불렸다. 임시정부는
중국진재위원회에서 6만 원을 원조받아 투차오에 15년 기한으로 5000
원을 내고 2000여 평의 땅을 임대해서 집 세 채를 짓고 열대여섯 가구
를 입주시켰다.

신건식申健植 부부와 외동딸 순호가 1940년 11월 이곳에서 산 것을 보
면 각자 형편에 따라 투차오 한인촌에 입주한 것 같다. 정정화 가족의
옆방에서 거주한 신건식은 신규식의 동생으로 1912년 4월에 중국 저장
성 성립 항저우 의약전문학교를 졸업하고 중국군 군의관을 지냈다. 목
사인 이상만李象萬은 아들 건우와 함께 지내기도 하고 홀로 살기도 하였
다. 이 방은 홍진이나 유동열이 가끔 들러 자고 가는 여인숙과 같은 곳
이었다. 최동오 가족과 최동오의 아들인 최덕신 부부, 손일민 부부, 민
필호 가족, 민필호의 조카인 민영구 가족, 이광 가족, 엄항섭 가족, 송병
조, 차리석 가족, 동서지간인 채원개와 이준식 가족 등이 투차오에서 살
았다.

마을 뒤편에는 대나무 밭이 있었고, 마을 앞 화탄계에는 그냥 떠서
마실 수 있는 맑은 물이 흘렀다. 기후가 따뜻한 곳이라서 1년에 여덟 달
은 화탄계에서 수영을 할 수 있었다. 한인들은 집 근처 밭에 상추·호
박·토마토·고구마·옥수수 등을 심었다. 정성을 들여 마을을 가꾸었기
에 충칭 시내에 살던 한인들이 투차오에 오면 고향에 온 느낌이 든다고

하였다. 대가족들은 투차오에서 5년 동안 함께 살며 자식을 낳고, 키우고, 결혼을 시켰다.

1943년에는 한인촌의 언덕 위에 1층 양옥 한 채가 들어섰다. 제2차 세계대전 때 중립국인 스웨덴의 루터교회가 '기독교청년회관'(YMCA)이라는 이름으로 준 선물이었다. 200~300명이 모일 수 있는 강당이 있어 예배를 보기도 하였지만, 다른 모임으로 사용할 때가 많았다. 강당 뒤에 있는 작은 방 두 개는 사무실이나 숙소로 사용하였고, 남향의 큰 방에는 탁구대를 놓았다. 뒤편에 있는 꽤 큰 공간은 1945년 초 광복군 투차오 대의 숙소와 식당으로 사용되기도 하였다.

충칭 시내는 사람이 살기에 좋은 곳은 아니었다. 우묵한 지대라서 공기순환이 잘 안되었다. 낮은 지대에 도로가 있고 수백 층의 계단을 따라 집이 들어섰다. 한여름에는 40도가 넘는 무더위가 계속되고 악취가 빠지지 않았다. 쥐도 들끓었다. 사람을 무서워하지 않아 오히려 쥐에게 사람이 물리는 형편이었다. 모기도 많아 말라리아도 흔하였다.

김구는 충칭에서 지내는 동안 동포 중에 70~80명이 폐병으로 죽었다고 하였다. 김구의 어머니 곽낙원도 풍토병으로 순국하였고, 맏아들 김인은 1945년 4월 스물여덟 살에 폐병으로 사망하였다. 동생 김신은 훗날 "페니실린만 맞으면 회복될 수 있었는데, 아버지는 다른 동지들도 맞지 못하는 비싼 주사를 내 아들이라고 해서 맞힐 수는 없다고 하였다"고 회고하였다. 충칭을 감싸고 있는 창장과 자링장嘉陵江 물은 흙탕물이라서 바로 마실 수 없었다. 충칭 시내에 사는 한인들은 큰 독에 물을 채우고 백반을 넣어 흙을 가라앉힌 후에 이걸 끓여서 먹었다.

| 곽낙원 여사의 장례식

　조소앙 가족, 지청천 가족, 양우조·최선화 가족, 지청천의 첫째딸 지선영과 남편 심광식 가족, 최형록·조계림 모녀를 합쳐 다섯 가구는 1940년 11월 치장을 떠나 충칭 시내 우스예상 1호에 있던 대한민국임시정부 청사에 짐을 푼 다음 2주 후 자링장을 건너서 강 북쪽인 우쿠제 武庫街 13호에 입주하였다. 최형록崔亨祿은 1914년 상하이의 박달학원博達學院(신규식·박은식 등이 결성한 독립운동단체인 동제사가 설립한 교육기관)에서 만난 조소앙을 일찍이 따라다녔으며 애국부인회 등에서 활동하였다. 조소앙과 최형록 사이에 대한민국임시정부 직원으로 활동한 조계림趙桂林이 있다. 다섯 가구는 이곳에서 2년을 같이 살다 충칭 시내와 난안으로 흩어졌다.

　1943년 초 대한민국임시정부는 우스예상 청사에서 가까운 곳에 공터를 얻어 열예닐곱 개의 방을 만들어 놓고 한 세대가 방 하나씩 사용

| 양우조·최선화 부부

할 수 있도록 하였다. 지대가 낮고 몹시 습한 곳이라 햇빛도 잘 들지 않고 없던 병도 생길 것 같은 곳이었다. 신익희 가족, 신익희의 딸과 사위인 신정완·김재호 부부, 김관오·방순희 부부, 염온동 가족 등이 이 집에서 살았다.

그나마 충칭은 지형적으로 일본군의 공격을 막아내기에 유리하였다. 창장을 따라 진격하던 일본군은 후베이성 이창에서 창장싼샤長江三峽에 막혀 쓰촨성이나 충칭으로 진입할 수 없었다. 창장싼샤는 충칭시 펑제현奉節縣에서 후베이성 이창시 난진관南津關까지 193km나 된다. 곳곳에 급류가 흐르고, 중국군이 기뢰를 설치해 놓아서 난공불락의 방어선 역할을 하였다. 옛날 한나라의 유방이 넘었고, 그 후 유비가 다시 넘었던 파촉잔도巴蜀棧道는 군데군데 흔적만 남아 있어서 일본의 대규모 병력이 이용할 수 없었다.

이창의 북쪽에 위치한 라오허커우老河口는 중국군의 최후 저항선이었다. 라오허커우 뒤에는 파촉령이 버티고 있다. 일본군에서 탈출한 장준하·김준엽 등이 14일 동안 걸어서 이 파촉령을 넘었다.

일본군은 중국의 곡창지대를 장악하여 식량을 해결하는 한편 절대적 우위를 차지한 공군을 동원해 충칭에 연일 폭격을 퍼부었다. 하지만 겨울에는 일본군 비행기의 공습을 피할 수 있었다. 충칭의 겨울 하늘은 운무가 끼어서 어두침침하고 습도가 높으며 햇빛을 보기가 어려웠기 때문이다. 중국 국민당 정부는 이런 이점을 지닌 충칭을 임시수도로 삼았다.

5월부터 9월까지는 일본군의 집중적인 공습이 있었다. 충칭 거주민들은 하루에 몇 번이라도 공습경보가 울리면 가까운 방공호로 달려갔다. 산비탈을 타고 만든 방공호 안은 무덥고 비좁았다. 환기시설이 없어서 수천 명이 몰려들면 산소가 부족해 질식사의 위험도 있었다. 이곳에서도 낙천적인 중국인들은 자리를 펴고 자면서 음식을 해먹고 껄껄 웃고 담소를 하였다. 생활공간의 하나가 되어버린 방공동에는 보따리장수들이 들어와 과일이나 사탕·과자를 팔았다.

일본군은 라디오 방송을 통해 고도의 심리전을 구사하였다. 중국인의 불안감을 고조시켜 패배의식을 확산시키려는 술책이었다. 1940년 8월 20일 200대의 비행기를 동원해 충칭의 3분의 2를 파괴해 놓고는 이날 이후로 다시는 폭격을 하지 않겠다고 방송을 하였다. 그러나 1941년 8월 8일부터 열흘 동안 쓰촨성 일대를 집중 공격한다고 또다시 방송으로 사전 예고하였다. 공습 첫 날 아침 7시 전에 공습경보가 나기 시작해서 해제와 경보를 반복하다 밤 11시에 끝났다. 열흘 동안 밤낮 없이 공격을 받은 충칭 일대는 큰 피해를 입었다. 양우조 일가가 살던 강북의 집은 폭격으로 2층 지붕 기와가 다 날아가고 천장에서 모래비가 쏟아지는 형편이었다. 날씨가 좋으면 공습을 걱정하고, 비가 내리면 지반이 약해진 집이 무너지지 않을까 걱정이 끊이지 않았다. 이런 아수라장은 1944년 미국의 센노트 장군이 B-29 폭격기와 무스탕 전투기로 편성된 의용항공대를 이끌고 제공권을 되찾을 때까지 반복되었다.

대한민국임시정부는 충칭에서 처음 양류제楊柳街에 청사를 둔 이래 스반제石坂街, 우스예상吳師爺巷, 롄화츠連花池로 세 번 이사를 하였다. 양류제에서는 공습을 견딜 수 없어 스반제로 이사하였는데 화재로 건물이 전소되었다. 우스예상 청사에서는 폭격을 맞아 신익희의 조카와 조선의용대 출신인 김영린金永麟의 부인이 사망하였다.

태어나는 아이들, 떠나는 사람들

투차오에서 열 명이 넘는 2세들이 태어났다. 원로들은 내심 딸보다는 아들을 원하였다. 양우조·최선화 부부는 1941년 4월 둘째딸을 낳자 미래의 독립투사를 기대하던 원로들이 크게 실망하는 것을 보고 안타까운 마음이 들었다고 하였다. 1938년 대가족이 창사에 거주할 때 김구가 임신 중인 최선화에게 말했다.

"오늘은 내가 맛있는 걸 사줄 테니깐 따라만 오게. 영양가 있는 걸 많이 먹어야 우리 임정에 건강한 아기가 나지."

어떤 때는 뱀 요리를 생선요리라고 속여 먹인 일도 있었다. 이처럼 2세에 대한 원로들의 기대는 각별하였다.

김구는 차리석이 오랫동안 혼자 살자 중매를 섰다.

"독립운동가를 곁에서 도와주는 것도 독립운동이다."

| 투차오 한인촌의 현재 모습

一幼稚院秋季開學紀念 中國重慶 우리村에서 一九四一 十月十日에

| 투차오 한인촌의 3·1유치원 추계 개학기념 (1941. 10. 10)

차리석이 1942년 11월 결혼을 할 때 62세였으며 부인 홍매영은 30세였다. 결혼식 날 점심, 저녁에 연회가 열렸다. 홍매영은 투차오에서 살고 차리석은 충칭과 투차오를 오갔다. 이들 부부가 1944년 1월 아들 차영조를 낳자 김구는 아명을 천복天福이라고 지어 주었다.

"늙은 동암에게 아들이 생긴 것은 하늘이 내려준 축복이다."

망명생활 중 아이들을 교육하고 민족의식을 심어주는 일은 여성들의 몫이었다. 학교나 밖에 나가서 중국말을 익힌 아이들이 집에 와서 중국말을 쓰면 우리말을 쓰도록 엄격하게 가르쳤다. 여성들은 소학교에 다니는 아이들을 방학 때마다 모아서 우리 역사와 글·노래·춤을 가르쳤다.

정정화는 결혼하기 전에 『천자문』과『소학』을 배웠고 중국에서도 항상 신문이나 잡지를 읽고 국제정세를 보는 안목을 키웠다. 아들 후동이 학교를 다니자 미리 모든 교과서를 자습한 후에 직접 가르쳤다. 6개 학교를 전전하며 소학교를 졸업한 후동이 투차오에서 중학교를 다닐 때, 정정화는 상하이 시절에 유인욱에게 배운 기초영어 실력을 살려 1학년 과정을 직접 가르쳤다.

대한민국임시정부는 어려운 형편에도 아이들이 미래의 독립투사로 자라도록 신경을 썼다. 1942년 5월 5일에는 '아동절주일'이라 하여 아이들에게 과자 값을 지급하였다. 1941년 10월 대한민국임시정부 산하에 3·1유치원이 설립되자 정정화와 연미당(엄항섭의 부인)·이국영(광복군 민영구의 부인)·강영파(유진동의 부인)·김병인(이준식의 부인) 등이 교사로 나섰다. 특히 일제의 패망이 눈앞에 보이기 시작하면서부터는 귀국을 대비해서 아이들에 대한 한글교육을 강화하였다. 1943년 2월 한국애국부인회가 결성될 때 정정화는 훈련부 주임을 맡았다. 한국애국부인회가 1944년 6월부터 1945년 3월까지 주관한 아동국어강습반 현황을 보면 충칭 시내반은 교사 1명에 학생 3명, 한국독립당 계열의 투차오반은 교사 1명에 학생 12명, 민족전선 계열인 난안반은 교사 2명에 학생 23명이 참가하였다. 대한민국임시정부는 강습반에 매달 보조금을 지급하였다.

투차오에서도 많은 사람들이 죽었다. 청년시절부터 나라를 찾겠다고 만주와 중국 대륙을 전전하던 손일민孫逸民은 부인과 함께 투차오 뒷산에 묻혔다. 김구와 언제나 정치적 운명을 함께하였던 송병조(1942년 2월 25일 사망)도 투차오 한인촌에서 운명하였다. 정정화는 말년에 혼자 살던 송병조를 간병하면서 그의 마지막을 지켰다.

개천절과 3·1절은 잊지 않았다

대한민국임시정부와 대가족은 개천절과 3·1절을 가장 크게 기념하였다. 이날이 오면 여러 가구가 돈을 추렴해서 음식을 함께 만들어 먹고 놀았다. 개천절과 3·1절은 한인들이 민족의식과 단결심을 높이는 데 크게 기여하였다. 이들은 양력설을 지냈으며, 새해가 오면 아이들은 어른들에게 세배를 다녔다. 한인들은 음력설과 추석에는 특별한 의미를 부여하지 않았다.

한인들은 8월 29일 국치일을 빠지지 않고 기념하면서 울분 속에서 조국광복의 의지를 다졌다. 또 11월 17일에는 순국선열들의 넋을 기렸다. 1939년 임시의정원 제31차 임시총회에서 순국선열의 날로 정해졌

다. 3월 10일에는 1938년 이날 세상을 떠난 도산 안창호의 추모식이 열렸다.

한인들은 다양한 종교를 가졌는데 대종교와 기독교 신자가 많았다. 이미 상하이 시절에 신규식·신건식·조완구·박찬익 등이 대종교 교회를 세우고 3월 15일 어천절御天節을 기념하였다. 국조 단군의 숭배는 한인들에게 민족의식을 심어주는 데 효과적이었다. 이시영도 대종교 신자다. 최동오와 남형우는 천도교 신자다.

충칭에 있던 한인 중 기독교 신자는 100명 정도였다. 유동열·신익희·조소앙은 기독교 신자다. 김구는 부인 최준례의 장례식을 기독교식으로 치렀다. 대한민국임시정부 검사원장을 지낸 이상만은 원래 감리교 목사였다. 중국어판 『독립신문』 3호(1944년 8월 29일자)에 의하면 "중경에 있는 한인 교포 400여 명 중 기독교인은 100명쯤으로, 이상만 목사와 한국 교우 주요 인사들이 모여 '한인기독교회'를 결성하였다"고 하였다. 한인기독교회에서 양우조는 장로, 최선화는 권사였다. 1945년 크리스마스에는 교회에서 축하식을 갖고 충칭 시내, 투차오, 난안으로 나누어 축하예배를 보았다.

한인들은 병이 나면 한의학에 밝은 이시영에게 처방을 받아 약방에 가서 약을 지어다 먹었다. 대가족 중에는 의사 직업을 가져 다소 경제적 여유를 누리면서 한인들을 의술로 돕는 사람도 있었다. 의사 임의탁林義鐸에 대해 정정화는 "임 의사는 중경에 있는 동안 우리 동포들에게 돈 한 푼 받는 일 없이 인술을 베풀어 온 훌륭한 분이었다"고 기억하였다.

충칭 시내에서 병원을 운영한 유진동劉振東은 주말마다 투차오 한인촌을 찾았다. 산파인 부인 강영파姜暎波는 투차오에서 한인들을 돌보며 한인애국부인회 재무부장을 맡았다. 부부는 단칸방을 쓰며 옆방에 약실을 차려놓았다. 유진동은 상하이에서 동제同濟대학 의과를 졸업하고 폐병요양원을 개업하여 운영하다 대한민국임시정부 대가족과 합류하였다. 유진동의 동생인 유평파劉平波도 형과 함께 대이동을 하였으며, 유진동의 병원에서 근무하던 중국인 간호부 송정헌宋靜軒과 결혼해서 투차오에서 살았다.

유진동 부부는 학생 시절부터 김구를 특별히 따랐다. 이 부부는 김구가 독립운동에 전념하도록 김구의 어머니 곽낙원의 시중을 들기 위해 충칭으로 달려왔다. 하지만 곽낙원은 유진동이 대가족과 함께 치장에 도착하기 나흘 전인 1939년 4월 26일 요양 중이던 쑨자화위안[孫家花園]에서 풍토병으로 세상을 떴다. 향년 80세였다. 유진동은 광복군이 결성되자 군의처장을 맡았으며, 김구 등이 1진으로 1945년 11월 23일 환국할 때 주석의 시의 자격으로 김구와 함께 귀국하였다.

김상덕·윤기섭 가족이 겪은 비극

1938년 3월 13일 충칭에 도착한 조선민족혁명당을 중심으로 하는 민족전선과 그 가족들은 난안이라 불리는 창장 남쪽에 자리를 잡았다. 나룻배로 강을 건너야 충칭 시내에 갈 수 있는 곳이었다. 이들은 과수원이 딸린 별장인 쑨자화위안 안에 집 세 채를 빌렸다. 윤세주·최석순·김홍서·김두봉·이영준·이달·김상덕·한일래·김원봉·김규광·박건웅 등이 쑨자화위안이나 그 부근에서 함께 생활하였다. 이들은 공동생활을 하였다기보다는 한곳에 모여 살았다는 표현이 적합하다.

김상덕 가족이 겪은 비극을 통해 한국독립당 계열 대가족의 공동생활과 조선민족혁명당 계열의 집단거주 간 차이점이 무엇인지를 알 수 있다. 만약 난안에 정정화와 같은 사람이 있었더라면 김상덕 가족의 삶이 그토록 참담하지는 않았을 것이다.

김상덕은 1919년 일본 도쿄에서 2·8독립선언에 참여해 옥고를 치르고 일찍이 중국으로 망명하였다. 부인 강태정은 김상덕과 결혼한 뒤 10

년을 홀로 시집살이를 하다 1926년 만주에서 남편과 재회하였다. 이때부터 중국 대륙을 전전하다 1938년 3월 세 아이(6세, 4세, 2세)와 함께 충칭에 도착하였지만 험한 피난길에 육신이 무너져 1년 만에 세상을 떴다. 그때 강태정의 나이는 불과 서른아홉이었다. 바로 막내아이도 영양실조에 걸려 어머니를 따라갔다.

| 윤기섭

김상덕이 충칭 시내로 일을 보러갈 때는 한 달씩 집을 비웠다. 아버지가 마련한 빵은 일주일 만에 떨어지곤 하였다. 어린 아이들은 과수원에 나가서 과일을 따먹거나 고구마를 캐먹었다. 귀가한 아버지는 아이들을 보고 "살아 있었구나"라고 안도하였다. 1939년 김상덕은 남매를 중국인이 운영하는 고아원에 맡겼다. 남매는 밥을 제때 먹을 수 있었지만 배고팠던 쑨자화위안이 그리웠다. 1941년 학교에 들어갈 나이가 되자 고아원을 나와 쑨자화위안으로 돌아왔다. 남매는 중국인학교를 다녔고 우리말 교육을 따로 받지 못하였다.

쑨자화위안은 창장 유역에 있었다. 윤기섭의 장녀가 중국 아이들이 장난삼아 던지는 돌을 피해 뒷걸음을 치다 급류에 휩쓸려 죽었다. '가오리 왕거누高麗 亡國奴' 중국 아이들이 한국 아이들을 놀리는 말이었다. 조선이 어디에 있는지도 모르고, 조선말도 모르는 아이들은 이 말을 들으면 피가 끓었다. 딸이 죽은 후 윤기섭은 저녁이면 강가에 나와 「클라멘

타인」을 불렀다.

> 넓고 넓은 바닷가에 오막살이 집 한 채
> 고기 잡는 아버지와 철모르는 딸 있네.
> 내 사랑아 내 사랑아 나의 사랑 클라멘타인
> 늙은 애비 혼자 두고 영영 어딜 갔느냐.

이 노래가사가 김상덕의 어린 아들과 딸이 아는 유일한 우리말이었다. 김상덕의 아들 김정륙은 1944년 중반, 윤기섭이 일요일마다 중국인 학교 교실 하나를 빌려 난안의 아이들을 모아놓고 우리말을 가르치자 그곳을 다녔다. 대한애국부인회가 주관하는 한글교실 난안반으로 추정된다.

김상덕은 해방 후 제헌국회에 참여하여 초대 반민특위 위원장을 지냈다. 김정륙은 아버지가 6·25전쟁 때 납북되어 부모 없이 자랐다. 김정륙이 아버지를 다시 만난 건 2006년 10월 1일 추석을 앞두고 임시정부 요인 성묘단이 평양에 갔을 때다. 그곳에서 재북인사 묘역에 묻힌 아버지를 뵈었다. 김정륙은 2009년 7월 17일 (사)대한민국임시정부기념사업회가 주최한 '독립정신 답사단'의 일원으로 어머니가 묻힌 화상산 공동묘지를 다시 찾았다. 비석을 세워 두었으니 어머니 묘소를 찾을 수 있을 것이라는 기대를 버리지 않았지만 이곳은 1986년 쓰레기 처리장으로 변하였고, 연고자가 나타나지 않은 무덤은 흔적도 없었다.

8
당파를 가리지 않은 정정화 부부

중국 관내의 독립운동 진영은 이념으로 대립하고, 1인 정당, 2인 정당이 난무하며 이합집산을 거듭하였다. 좌우 진영이 대립하는 것을 바라보는 정정화의 마음은 편하지 않았다.

"당시 임정은 참으로 많은 문제를 안고 있었다. 문제의 핵심은 우리 동포의 망명세력 간에 단합이 이루어지지 않는다는 것이었다. 만약 임시정부가 해외에 있는 모든 망명세력의 절대 다수를 대표할 수 있을 정도로 서로 뭉쳤다면 중국의 승인쯤은 쉽게 받아낼 수 있는 상황이었다. …… 또 한 가지 아쉬운 점은 임시정부가 당시 연안에 망명한 우리의 독립동맹계와도 원활한 유대를 맺었어야 하였다는 점이다. …… 해방 직전에야 비로소 중경에 있는 각 정파만이라도 포섭하는 데 성공하였다는 것은 고도의 정치능력이 요구되던 당시에 비추어볼 때 뼈아픈 일이 아닐 수 없다."

정정화가 이런 생각을 할 수 있었던 것은 우선 당파를 가려 사람을 사귀지 않았기 때문이다. 한인들은 당파에 따라 투차오와 난안에서 따로

| 김원봉 · 박차정부부

살았지만 정정화는 후동을 데리고 김원봉의 부인인 박차정을 병문안하
는 등 세 차례 난안을 방문하였다. 난징에 머무를 때부터 박차정은 정정
화를 '형님'이라고 불렀다.

정정화는 조선민족혁명당계의 김규식 가족이나 최석순 가족과 꽤 가
깝게 지냈다. 정정화는 최석순을 '오라버니'라고 불렀고, 최석순의 부인
은 정정화를 '시누이'라고 하였다. 후동은 새해가 되면 김규식에게 세배
를 갔다. 김의한도 한국독립당 안에서 김원봉을 이해하려고 애썼다.

한국독립당 안에서 박찬익과 조완구는 좌우통합에 매우 부정적이었
다. 대한민국임시정부가 좌우 연립정부로 바뀐 후에도 한국독립당 일부
인사들은 김원봉을 '음험하고 믿을 수 없는 사람'이라며 의심하였다. 그

러나 정정화는 약산을 긍정적으로 평가하였다.

"약산은 자기 세력을 양성하려는 생각을 차츰 버렸으며, 자파가 아닌 사람이 지대장으로 부임하게 되더라도 찬동하였다. 임정 국무위원으로 군무부장을 겸임한 그는 대국적인 견지에서 일을 처리하였으며, 광복군 내의 분열을 해소시키려고 노력하였던 것으로 알고 있다."

정정화가 이런 판단을 내릴 수 있었던 것은 국제정세를 제대로 읽고 독립운동세력의 역량을 정확히 평가했기 때문이다.

김구, 통합의 손을 내밀다

1939년 독일·일본·이탈리아의 파시즘 세력은 기세를 떨치고 있었다. 그 해 8월 독일과 소련은 불가침조약을 맺었고, 9월에는 독·소 우호조약을 체결하였다. 자국의 이해에 따라 적과 동지가 뒤섞이는 상황이었다.

중국 관내의 독립운동세력을 통합하려는 노력은 위태롭지만 계속되었다. 1939년 4월 김구는 1년 전에 충칭에 정착한 민족전선 계열이 살고 있는 쑨자화위안을 방문하였다. 당시 김구의 어머니 곽낙원은 풍토병으로 위독한 상태였는데 김홍서가 자기 집에 모시겠다고 하여 쑨자화위안에서 살고 있었다. 김원봉은 출장 중이었고, 김두봉·윤기섭·성주식·김홍서·최석순·김상덕이 김구를 위해 환영회를 열었다. 근처에 살던 조선민족해방동맹의 김성숙·박건웅·현정경도 자리를 함께 하였다. 이 자리에서 김구가 민족주의 단일당 결성을 제안하자 참석자 모두 찬성하였다.

그러나 김구가 미주·하와이의 동포들에게 의견을 구하니 "통일은 찬성하나, 김약산은 공산주의자요. 선생이 공산당과 합작하여 통일하는 날, 우리 미국 교포와는 인연이 끊어지는 줄 알고 통일운동을 하시오"라는 회답이 왔다. 류저우에 머물고 있던 한국독립당 간부들은 충칭에 가서 토론하여 결정하자고 회답을 하였다.

김구는 좌우 독립운동 진영의 대단결을 위해 여러 차례 양보하였다. 1939년 5월 김구와 김원봉은 '동지 동포에게 보내는 공개성명서'를 발표하였다. 선언문은 조선민족혁명당의 강령과 비슷하였다. 주요 내용에는 봉건세력 및 일체의 반혁명세력을 숙청하고 민주공화제를 건설하고, 국내에 있는 일본제국주의자의 공사 재산 및 매국적 친일파의 전 재산을 몰수한다는 것이 포함되었다. 대체로 김원봉의 입장을 인정하고, 김구가 많은 양보를 한 덕분에 독립운동 진영에서 김원봉의 위상이 높아졌다.

김구는 단일조직을 주장하였지만, 조소앙·엄항섭은 주의가 같지 않은 단체와 단일조직을 구성하는 게 불가능하다며 연합통일을 주장하였다. 김구는 치장으로 달려가 8일 동안 한국국민당 간부와 당원들을 설득해서 단일조직으로의 통일에 대해 의견일치를 보았다. 김구는 우당友黨인 조선혁명당과 (재건)한국독립당도 한 달 만에 설득하였다.

이렇게 해서 우파 3당과 좌파 4당(조선민족혁명당·조선혁명자연맹·조선민족해방동맹·조선민족전위동맹)은 1939년 8월 치장에서 한국혁명운동통일7단체회의를 열었다. 회의가 열리자마자 공산주의 계열인 조선민족해방동맹과 조선민족전위동맹은 자기 단체의 해체를 원하지 않는다는 입장을 밝히고 퇴장하였다. 이어서 5당회의가 열렸지만 대한민국임시정부의 존립과 조선의용대 지휘권 등에서 의견이 엇갈리자 김원봉이 협상 결렬을 선언하였다.

1940년 3월 13일 대한민국임시정부 주석을 지낸 석오 이동녕이 순국하였다. 노환으로 자리에 누운 후 거의 곡기를 끊은 지 열흘 만에 조국의 광복을 영영 보지 못하고 눈을 감은 것이다. 석오는 대한민국임시정부의 정신적 지주였으며, 김구가 '형님'으로 모셨던 분이다. 정정화는 열흘 동안 그 분 곁에 꼭 붙어 있었고 임종을 하였다. 석오는 대한민국임시정부를 인정하고 있는 우파 민족주의 진영 3당의 통합이라도 먼저 할 것을 유언으로 남겼다. 그의 순국은 3당의 통합을 앞당기는 계기가 되었다.

1940년 5월 한국국민당, (재건)한국독립당, 조선혁명당의 우파 3당은 한국독립당을 결성하였다. 하와이애국단은 자기 단체를 해체하고 한국독립당 하와이지부로 개편하였다. 우파 3당의 연합이라고는 하지만 조소앙이 이끄는 (재건)한국독립당의 당원이 20여 명일 정도로 한국국민당을 제외한 정파의 당세는 미약하였다. 김구가 중앙집행위원장을 맡았고, 집행위원으로는 홍진·조소앙·조시원·지청천·김학규·유동열·안훈·송병조·조완구·엄항섭·김붕준·양묵·조성환·박찬익朴贊翊·차리석·이복원이 선출되었다. 이시영이 중앙감찰위원장을, 김의한 등이 감찰위원을 맡았다. 한국독립당은 '3·1운동의 생명을 계승한 민족운동의 중심적 대표당'임을 선언하였다. 당강으로 삼균주의 원리에 따라 보

| 이동녕 선생의 장례식 (1940. 3)

| 한국독립당 제1기 중앙집행위원회 기념 (1940. 5)

통선거제에 의한 정치균등, 토지와 대생산기관의 국유화를 통한 경제균등, 국비 의무교육제에 의한 교육균등 등을 채택하였다. 이 해 10월 김구는 대한민국임시정부의 주석으로 선출되어 확고한 지도력을 확보하였다.

한국광복군의 창건

1940년에 들어 만주에서 독립군 활동을 한 경험이 있는 지청천·유동열·이범석·김학규 등이 한국광복군창설위원회를 조직하고 광복군 창건 준비에 들어갔다. 이들은 먼저 총사령부를 구성하고 창설 1년 이내에 최소한 3개 사단을 편성하여 연합국으로부터 교전단체로 인정받는다는 목표를 세웠다. 하지만 불행하게도 이들은 만주를 떠난 지 오래되어 그곳 사정에 어두웠다. 이 무렵 동북항일연군을 제외하고는 만주지역에서 활동 중인 항일무장부대를 찾아보기 어려웠다. 일제는 대게릴라부대인 간도특설대를 조직해 항일무장부대에 대응하고, 관동군의 지역별 헌병대 산하에 조선인으로 민간특무조직을 구성해 한인 집단촌을 철저히 감시하고 있었다.

1940년 9월 17일 대한민국임시정부는 마침내 한국광복군을 창설하였다. 장제스의 부인인 쑹메이링末美齡이 축전과 함께 10만 원을 보내왔다. 사령부를 구성한 총사령 지청천, 참모장 이범석, 참모 이복원·김학규·공진원·유해준·이준식 등은 중국 동북지역에서 무장투쟁을 벌인 경험이 있거나, 중국군관학교 출신이었다. 김의한은 광복군의 정령(대령

| 한국광복군총사령부 성립전례식 기념 (1940. 9. 17)

급)으로 총사령부 주계를 맡았다. 간부 중에서 김의한과 부관을 맡은 조
시원만 군사경험이 없었다.

　1941년 11월에는 대한민국임시정부 통수부관제를 만들어 주석에 김
구, 막료에 유동열(참모총장)·조성환·조완구 3인을 인선하였다.

　광복군은 출범 초기 30여 명으로 사령부를 구성하였다. 중국군의 통
수기구인 중국군사위원회는 자신들의 승인을 받지 않고 창건한 광복군
을 못마땅하게 여겼다. 더구나 중국군사위원회 정치부 판공청장 텅제滕傑
는 김원봉과 황푸군관학교 동기생으로 조선의용대에 호의적이었다. 중
국군사위원회가 광복군의 초모활동을 견제하였지만 광복군은 1941년 1

월 한국청년전지공작대를 편입하여 점차 하부조직을 갖추게 되었다.

그러나 1941년 4월 조선의용대의 주력이 중국 공산당 관할지역으로 북상하자 장제스는 중국군사위원회에 광복군과 조선의용대를 직접 장악하라고 지시하였다. 1941년 11월 15일 중국군사위원회는 재정 지원을 조건으로 '광복군 9개 행동준승'을 요구하였다.

광복군의 지휘권을 중국군에 내주는 게 모욕적이라며 반대하는 주장도 있었지만, 통지를 받은 지 4일 후인 11월 19일 열린 국무회의에서 '중·한 양군의 연합 작전상 군령을 통일하기 위하여 중국의 항일전쟁 기간에 한국광복군이 중국 최고 통수의 지휘 절제를 받게 하기로' 결정하였다. 이때 김의한도 중국군에 지휘권을 내주는 것에 대해 강경한 반대입장을 취하였다.

광복군은 재정문제를 해결하였지만 '동맹군'이 아니라 중국군에 예속된 '지원군'에 머물러야 하였다. 1942년 현재 광복군총사령부 간부 45명 중에서 한국인은 12명에 머물렀다. 1945년 4월 현재 광복군 장교 117명 중에서 한국인은 52명에 불과하였다. 대한민국임시정부 안에서 '9개 준승'의 폐지를 요구하는 목소리가 끊이지 않았다. 김원봉은 1944년 5월 대한민국임시정부 군무부장에 취임한 후 '9개 준승' 폐지를 강력하게 요구하였다.

'9개 준승'에 대해 일반 한인들은 "한국광복군은 한국을 대표하는 국가의 군대인데 어찌 '청천백일(중국 국민당의 상징)'의 모표帽徽를 달고, 하물며 임시정부와의 관계가 어찌 이토록 취약할 수 있는가? 혁명군의 제일 중요한 정치훈련을 어찌 중국 정치부가 장악해야 하는가? 이 외에 불합리한 9개 활동기준으로 어찌 활동을 발전시킬 수 있는가? 광복군은 한국 군인을 구제하는 기관일 뿐이다. 그러나 총사령부의 직원을 제외한 기타 지역의 직원은 어려운 생활을 하고 있는데 왜 그들을 구제하지 않는가?"라고 비판하였다.

'9개 준승' 문제는 1944년 8월 23일 중국군사위원회 허잉친(何應欽)이 "이후로는 한국광복군이 당연히 한국 정부에 예속됨으로 인하여 지난날 중국군사위원회에서 정한 '한국광복군 행동 준승 9항'은 지금 필요하지 않으므로 이를 즉시 취소한다"는 공함을 보내면서 해결되었다. 대한민국임시정부는 다음날 이를 즉각 선포하였다.

광복군이 완전 독립을 찾는 데는 시간이 더 걸렸다. 새로운 군사협정은 중국 측이 차일피일 미뤄 1945년 5월 1일에야 시행되었다. 이날을 기해 중국 정부는 연락과 경리 업무를 담당하는 인원을 제외하고 중국군을 모두 소환하였으며 광복군 활동경비도 대한민국임시정부에 직접 교부하기로 하였다. 또 광복군 간부훈련에 필요한 경비 50만 원을 차관 형태로 제공하기로 하였다. 김의한도 이날 자로 광복군 정령 겸 선전과장으로서 사령부에 복귀하였다.

중국 각지에 흩어져 있던 광복군의 전체 숫자는 정확하지 않다. 1945년 4월 당시 339명이었다는 기록과 총사령부 95명, 1지대 64명, 2지대 233명, 3지대 235명, 9전구 75명, 인면전구(印緬戰區)공작대 9명, 보충대 44명을 합쳐 755명이라는 1977년 광복회의 조사결과가 있다.

조선의용대 주력의 북상

광복군이 창설될 무렵 조선의용대는 심한 내부갈등을 겪고 있었다. 제2차 국공합작이 맺어졌음에도 장제스의 국민당 정부는 1939년 초부터 반공노선을 강화하고 있었다. 조선의용대 안에서는 화북지역으로 북상하자는 요구가 높아지고, 조선공산당 화요파 출신인 최창익崔昌益과 한빈 등이 하부를 장악해 나가고 있었다. 1940년 11월 조선민족혁명당 확대간부회의에서 적 후방 공작방침이 정해졌다. 시안과 뤄양에 배치되어 있던 조선의용대 제2지대는 1941년 4월 황허를 건너 국민당 정부군 지역을 벗어나, 팔로군 전방총사령부가 있는 타이항산太行山으로 이동하였다. 팔로군에 합류한 조선의용대는 조선의용대 화북지대로 개편되고 김원봉과 황푸군관학교 4기 동기인 박효삼이 지대장, 김원봉의 절친한 고향후배인 윤세주가 정치위원을 맡았다. 이들은 명목상 여전히 조선민족혁명당 당원이었지만 김원봉의 영향에서 멀어지고 있었다. 이제 김원봉 휘하에 남은 병력은 고작 50~60명이었다.

1942년 5월 일본군 40만 명이 전투기와 전차까지 동원하여 타이항산을 포위하고 총공격을 펼칠 때 윤세주는 탈출로를 확보하다 적탄에 맞았다. 6월 2일 타이항산 동굴에서 전사한 윤세주는 "단결해서 적을 사살하기 바란다"는 유언을 남겼다. 이때 윤세주의 나이 41세였다. 1943년 그의 1주기를 맞아 충칭에서는 임시정부·조선민족혁명당·조선의용군 합동으로 정중하고 엄숙한 추도식이 열렸다. 윤세주의 사망으로 조선의용대 화북지대와 김원봉은 더욱 멀어졌다. 대한민국 정부는 1982년 윤세주에게 건국훈장 독립장을 추서하였다.

| 황푸군관학교 옛 정문

조선민족혁명당은 1941년 5월 대한민국임시정부 참여를 결정하였
다. 임정불관론이 임정개조론으로 바뀐 셈이다. 혁명 군중을 당과 신국
가 건설의 토대로 삼는 하층 통일전선을 고수하였던 조선민족혁명당이
이때부터 상층 통일전선으로 전환한 것이다. 1942년 10월 현재 조선민
족혁명당의 당원은 120여 명이었다. 1935년 7월 결성 당시 676명에 비
하면 세력이 현저히 약화됐으며, 특히 조선의용대의 북상은 뼈아픈 손
실이었으니 김원봉이 달리 선택할 길도 없었다. 그러나 한국독립당은
조선민족혁명당의 요구를 거부하였다.

1941년 10월 15일 열리는 제33차 임시의정원 회의를 앞두고 의장

김붕준은 직권으로 의원 보궐선거를 실시하고 새로 선출된 의원은 의정원 회의에 참석하라는 통지를 보냈다. 그러나 선거업무를 담당하는 내무부장 조완구가 개원 하루 전에 '내무부 공고' 제1호를 통해 선거 무효를 발표하였다. 이유는 적법절차를 무시하였다는 것이었다. 회의 당일 회의장에 진입하려는 조선민족혁명당 계열 김상덕·윤기섭 등 21명을 경위대가 몰아냈으며, 한국독립당은 의장 김붕준을 탄핵하고 의원직에서 제명하는 한편 후임 의장으로 송병조를 선출하였다.

좌우통합의 물꼬를 트다

이런 갈등 속에서도 한인들의 단결은 피할 수 없는 대세였다. 1941년 김규식과 장건상張建相이 충칭으로 와서 조선민족혁명당에 참여한 것도 좌우통합 분위기 조성에 큰 도움이 되었다. 정정화는 김규식과 장건상이 좌파와 우파 양쪽에서 존경을 받을 수 있는 인물이므로 한독당계와 민혁당계 사이에서 중재와 절충을 할 수 있으리라고 기대하였다.

작은 곳에서 물꼬가 트이기 시작하였다. 충칭에서 유일하게 공산주의 단체를 표방하면서도 중국 공산당에 가입하지 않던 조선민족해방동맹(해방동맹)이 1941년 12월 1일 대한민국임시정부 지지를 선언하며 임정 참여를 결정하였다. 대한민국임시정부는 당세 이상의 지분을 주면서 이들을 받아들였다. 계급혁명보다 민족혁명을 우선 과제로 보았던 해방동맹은 김성숙·박건웅 등이 이끌고 있었다. 1944년 4월 열린 제36차 임시의정원 회의에 해방동맹 소속으로 박건웅과 신익희의 딸인 신정완

| 좌우 독립운동 진영의 통합을 이룬 제34차 임시의정원 회의기념(1942. 10)

과 사위 김재호 3명이 의원으로 참석한 것을 보아도 당세 이상의 대우
를 받았다는 것을 알 수 있다.

급변하는 국제정세도 한인들에게 힘을 합칠 것을 요구하고 있었다.
1941년 12월 8일 일본은 진주만에 정박 중인 미 해군 태평양함대에 큰
타격을 입히며 태평양전쟁을 일으켰다. 일본은 다음 해 2월 싱가포르를
점령하였다. 1942년 6월 미드웨이 해전에서 미군이 일본 해군제독 야
마모토 이소로쿠山本五十六가 이끄는 함대를 격퇴할 때까지 일본군의 기세
는 꺾일 줄 몰랐다.

대한민국임시정부는 태평양전쟁 개전 이틀 후인 12월 10일 일본에

선전포고를 하였지만 연합국의 일원으로 인정을 받지 못하였다. 1942년 1월 1일 워싱턴에서 세계대전에 참전한 26개 연합국이 공동선언을 발표하였다. 영국에 있는 프랑스·폴란드·네덜란드와 같은 망명정부도 이 선언에 참여하였지만 대한민국임시정부가 끼어들 자리는 없었다.

대한민국임시정부는 1942년 3·1절 기념대회를 독립운동 진영의 단결을 대외적으로 과시하는 계기로 삼으려 하였다. 1월 26일 대한민국임시정부 국무회의는 기념대회를 준비하기 위해 주비위원 8명을 초당적으로 선임하였다. 이들은 한국독립당의 차리석·엄항섭·김관오·안원생, 조선민족혁명당의 윤기섭·최석순, 해방동맹의 김성숙·박건웅이었다. 첫 준비모임에서 김구가 추천한 윤기섭이 주비위원회 주석으로 선임되었다. 그해 기념식은 400여 명이 참석해 상하이 탈출 이후 가장 성대하게 치러졌다. 중국·미국·영국·소련 각 나라 대표들도 초대해서 축하연설을 들었다. 아이들은 과자봉지를 선물로 받았고, 어른들은 어린이들이 출연하는 연극을 보며 유쾌한 하루를 보냈다.

한편 3·1절 기념대회를 준비하던 중 임시의정원 의장·임시정부 고문·회계 검사원장 등을 맡고 있던 송병조가 한 달 여 전부터 복통염으로 고생하다 2월 25일 새벽 6시 투차오 한인촌에서 순국하였다. 향년 66세였다. 대한민국임시정부는 이날 아침 10시 긴급 국무회의를 열어 26일 11시 투차오에서 장례를 치르기로 하였다. 이미 장례준비를 해놓았다지만 운명한 지 하루 만에 치르는 초라한 장례였다. 충칭에 있는 모든 정파가 치상위원으로 참여하였다.

충칭의 망명객들은 이렇게 단결력을 높여갔지만 세계 열강은 여전히 대한민국임시정부에 냉혹하였다. 1942년 6월 14일은 전시동맹국 기념일이었다. 충칭 시내에 26개 동맹국의 국기가 휘날리고 성대한 기념식과 운동경기가 열렸지만 대한민국임시정부가 정식 초청을 받지 못해 한인들은 원망과 울분으로 하루를 보냈다.

1942년 4월 20일 대한민국임시정부 국무회의는 조선의용대와 광복군의 통합을 결의하였고, 5월 15일 중국군사위원회는 조선의용대에 광복군에 합류하라고 명령하였다. 5월 18일 대한민국임시정부 국무회의는 김원봉을 광복군 부사령에 임명하기로 결의하였다. 이 해 7월 조선의용대는 광복군 제1지대로 편입되었다. 명목상 병력은 200명이었지만 이미 주력이 화북으로 진출하였기 때문에 실제 김원봉 휘하 병력은 50~60명 정도였다. 이로써 중국 관내의 군사조직이 하나로 합쳤다.

김원봉의 목표는 조선의용대와 광복군을 통합하여 조선민족혁명군으로 편성하고 한·중 연합전선을 펼치는 것이었다. 하지만 중국 측의 거부로 조선의용대는 광복군에 흡수·통합되었다. 김원봉은 만주에서 활동하고 있던 조선인민혁명군과 동북항일연군에 관심이 많았다. 구이린에 주둔하던 시절 창간한 『조선의용대통신』을 이어받아 1940년 5월부터 충칭에서 발간한 조선의용대의 기관지인 『조선의용대』 38기(1940. 11. 15 발행)와 39기(1941. 1. 1 발행)는 동북항일연군과 김일성 부대의 활동상을 자세히 소개하였다.

당·정·군의 완전한 통합 성사 | 1942년 10월 제34차 임시의 정원 정기회의는 좌우진영 모 두가 참석한 가운데 열렸다. 임시의정원은 한국독립당 일당체제에서 다 당제로 바뀌었는데 한국독립당 26명, 조선민족혁명당 16명, 조선민족 해방동맹 2명, 조선혁명자연맹 2명이었다. 이때 조선민족혁명당의 김 규식이 대한민국임시정부 선전부장, 장건상이 학무부장으로 각각 입각 하였다.

1943년 10월 제35차 임시의정원은 한국독립당 24명, 조선민족혁명 당 12명, 군소정당 12명으로 여야 체제를 갖추었다.

1944년 4월 제36차 임시의정원을 구성한 의원은 한국독립당 25명, 조선민족혁명당 12명, 기타 정당과 무소속 13명으로 모두 50명이었다. 이때 임시의정원은 임시헌장을 개정하여 국무위원 수를 늘리고 부주석 직을 신설하였다. 주석에는 한국독립당의 김구, 부주석에는 조선민족혁 명당의 김규식이 선출되었다. 국무위원은 한국독립당 8명, 조선민족혁 명당 4명, 해방동맹과 혁명자연맹이 각 1명이었지만, 집행권을 가진 각 부서 부장은 한국독립당이 5명, 조선민족혁명당이 2명을 맡아 명실상 부한 좌우 연합정부가 구성되었다. 한국독립당은 외무부장 조소앙, 재 무부장 조완구, 내무부장 신익희, 법무부장 최동오, 선전부장 엄항섭을 배출하였다. 조선민족혁명당 소속인 김원봉이 군무부장을, 최석순이 문 화부장을 맡았다. 이런 진용은 1945년 3월 문화부장이 최석순에서 김 상덕으로 교체된 것을 빼고는 해방이 될 때까지 유지되었다. 원래 좌파 진영에서 활동하던 신익희는 이때 김의한을 추천 겸 보증인으로 삼아 한국독립당에 입당하여 입각까지 하였다.

김구는 5월 15일 열린 각 부장 취임 선서식에서 다음과 같이 말했다.

"이번 의회는 민주정신을 발휘하여 우리 독립운동사상의 신기록을 창조하였습니다. 이것은 우리 한국 삼천만 민중이 열렬하게 환영하는 것일 뿐만 아니라, 또 동맹국 그 중에서도 중국 방면에서 기뻐하고 다행하게 생각하는 일이 되기도 하는 것입니다."

그렇다고 갈등의 불씨가 모두 꺼진 것은 아니었다. 한국독립당 안의 일부 우파들은 김원봉이 중국 공산당 관할 내에 있는 김두봉이나 조선의용대와 연락하고 있다고 의심하였다. 이 무렵 김원봉을 대면한 사람들은 얼굴을 찌푸리고 말수가 적은 그를 기억하고 있다.

9

김구·김두봉·김일성이 해방 전에 만났더라면

1942년 6월 4일 미·영 연합군은 이탈리아 로마에 입성하고, 같은 달 6일 노르망디 상륙작전을 감행하였다. 드골이 이끄는 자유프랑스군과 연합군은 8월 25일 파리에 입성하였다. 이로써 유럽의 파시즘은 서서히 침몰하기 시작하였다. 태평양전쟁 개전 초기 승승장구하던 일본도 1942년 6월 이후 태평양에서 제해권과 제공권을 잃었다. 하지만 중국전선에서는 여전히 일본군의 공세가 거셌다. 일본군은 태평양전쟁을 일으킨 후에도 육군 전체 전력의 70%를 중국전선에 투입하고 있었다.

일제는 조선의 청년들을 중일전쟁과 태평양전쟁에 내몰았으며 헌납이라는 미명 아래 조선인을 수탈하였다. 전국 규모의 친일단체인 국민총력연맹은 1944년 2월 1일부터 일왕의 생일인 4월 29일까지 비행기 200대를 헌납하는 운동을 벌였다. 모금액은 목표액을 초과한 2480여만 원이었으며, 이 돈으로 5월 2일 일본 육·해군에 각각 124대씩 248대를 헌납하였다.

일제는 1938년 4월부터 조선인에 대해 육군특별지원병제를 시행하여 1만 6830명을 전쟁터로 끌고 갔다. 1943년 10월부터 11월 말까지는 학병지원이 실시되었다. 말이 지원이지, 학병 미지원자에 대해서는 12월 15일 징용령이 발동되었다. 1944년 1월 20일 첫 학병이 입영하였다. 전체 입영대상자는 6203명이었지 이과와 사범계를 제외한 전문·대학생 4385명이 일본군에 끌려갔다.

일제는 여기에 그치지 않고 1943년 3월 1일 조선인징병제를 공포하고 8월 1일부터 이를 시행하였다. 첫 입영이 시작된 1944년 9월부터 종전 때까지 조선인 11만 명이 육군과 해군으로 끌려갔다.

전선에 배치된 학병들에게는 본인이 희망하면 단기 교육을 받고 장교로 임관할 수 있는 자격이 주어졌다. 1959년 2월부터 1960년 5월까지 대한민국 육군참모총장을 지낸 송요찬은 지원병으로 입대해서 종전 당시 일본군 준위로 복무하였다. 이후에도 12년 동안 대한민국의 육군참모총장은 학병 출신 일본군 장교 경력을 가진 사람들이 이어받았다. 학병 출신 장교들이 자발적으로 일제의 침략전쟁에 협조한 것은 아니지만 어쨌든 진기록인 것은 틀림없다.

학병 장교 출신이 육군참모총장을 독차지하기 이전에는 일본 육군사관학교나 만주에서 군관학교를 나온 일본군 또는 만주국군 장교 출신이 육군참모총장을 이어나갔다. 1948년 12월부터 1949년 5월까지 일본군 대령 출신 이응준이 참모총장을 맡은 이래 신태영(일본군 중령)·채병덕(일본군 소령)·정일권(만주국군 대위)·이종찬(일본군 소령)·백선엽(만주국군 중위)·이형근(일본군 대위)이 이어받았다. 해방 후에도 광복군 출신이나 학병 탈출자는 대한민국 군부에서 뿌리를 내리기 어려웠다.

일제의 패망이 다가올수록 조선에서는 민족의 기대를 저버리는 사이비 지도자와 어용 문인·교육자들이 늘어났다. 1944년 11월 24일 비행병인 인재웅印在雄(창씨명 마쓰이 히데오松井秀雄)이 조선 사람으로서는 처음으로 가미카제특공대로 전사한 것으로 알려졌다. 훗날 민족어를 가장 유려하게 구사하였다는 평가를 받은 한 시인은 1944년 12월 9일『매일신보每日申報』에「송정오장송가松井伍長 頌歌」를 발표하였다.

마쓰이 히데오!
그대는 우리의 가미카제 특별공격대원
정국대원靖國隊員
정국대원의 푸른 영혼은
살아서 벌써 우리게로 왔느니
우리 숨쉬는 이 나라의 하늘 위에
조용히 조용히 돌아왔느니
우리의 동포들이 밤과 낮으로
정성껏 만들어 보낸 비행기 한 채에
그대, 몸을 실어 날았다간 내리는 곳
소리 없이 벌이는 고운 꽃처럼
오히려 기쁜 몸짓 하며 내리는 곳
쪼각쪼각 부서지는 산더미 같은 미국 군함!

수많은 문인들이 인재웅의 죽음을 미화하고 칭송하였지만 정작 그는 미군에 포로로 잡혀 있다가 1946년 1월 10일 미군 수송선을 타고 인천으로 귀국하였다.

일제가 '천황'을 위해 죽어서 야스쿠니의 신神이 되라며 중국전선으로 내몬 학병들은 잇따라 탈주하였다. 1945년 2월 20일 조용하던 투차오에 갑자기 활기가 돌았다. 광복군 투차오대라는 이름을 내걸고 50여 명의 청년이 투차오로 온 것이다. 이들 중에는 일본군에서 탈출한 학병 출신으로 71일 동안 6000리를 걸어 이 해 1월 31일 충칭에 도착한 김준엽·장준하 일행도 포함되어 있었다. 투차오의 한인들은 부랴부랴 교회 일부를 침실과 식당으로 꾸몄다. 이런 일의 주관은 장정화의 몫이었다.

"남이 시켜서 하는 일이 아니었고, 그런 일은 몸이 으깨어지는 한이 있더라도 언제든지 마다하지 않고 기꺼이 할 수 있을 듯싶었다."

모든 사람들이 나서 정성껏 청년들이 불편하지 않도록 최선을 다하였다.

투차오의 아이들은 회관에 놀러와 청년들을 위로하는 합창회를 열었다. 청년들은 고향을 그리며 「봉숭아」·「타향살이」·「황성옛터」를 합창하였다. 학병들 중에 오사카외국어전문대에서 영문학과 중국어를 전공한 한필동韓弼東은 투차오에 있는 동안 정정화의 집에서 살다시피 하며 후동의 영어공부를 도와주었다. 한필동의 어머니인 유예도柳禮道는 유관순의 사촌언니로, 이화학당을 다닐 때 유관순과 함께 아우내 장터 만세시위를 주도한 인물이다. 한필동은 창사 근방에 주둔한 일본군 제64부대 소속 중국군 포로수용소에 감시병으로 배치됐으나 포로로 있던 중국

| 국내에 파견된 정진대 대원들 (노능서·김준엽·장준하)

| 만년의 유예도

군 장군을 도와 집단탈출을 감행하였다. 그는 해방 후 군 생활을 하며 정정화 집안과 교류를 계속하다 김구의 장례식에 참석하였다는 이유로 보안대의 감시를 받자 발길을 끊었다. 그리고 4·19혁명 이후에야 다시 정정화를 찾아올 정도로 그는 군생활에 어려움을 겪었다.

정정화를 어머니라고 부른 박종길朴鍾吉은 투차오에 있을 때 장질부사를 앓았으나 정정화가 영양가 있는 음식과 약을 챙겨주어 회생하였다. 6·25전쟁 때 육군 대위인 박종길이 쌀 두 가마를 싣고 피란을 권유하려고 정정화 집을 찾는 등 두 사람의 교류는 해방 후에도 이어졌다. 육군 중령으로 예편한 박종길은 경상북도 영양에서 3·4·5대 국회의원을 지냈다.

1945년 4월 29일 아침 7시 학병 탈출자 19명이 대한민국임시정부 청사 앞에 다시 도열하였다. 김구는 작별사를 하며 굵은 눈물을 흘렸다.

"여러분의 젊음이 부럽소, 젊음이. 반드시 훈련이 끝나기 전에 한번 시안에 가볼 생각이오. …… 오늘 4월 29일은 바로 13년 전 내가 윤봉길 군을 죽을 곳에 보내던 날이오. 또 지금이 바로 그 시각이오."

이들이 시안에 도착하자 180여 명의 광복군 제2지대원들이 달려 나와 환영하였다. 5월 1일부터 이들을 포함해서 청년 50명이 3개월 동안 OSS(Office of Strategic Service) 대원이 되기 위한 훈련에 들어갔다. 정보·파괴반에는 정정화의 친아들 같은 조카 김석동도 있었다.

1945년 봄에는 중국 포로수용소에 있던 위안부 여성 10여 명이 충칭으로 왔다. 한국애국부인회가 이들의 교육을 맡았다. 당시 정정화는 애국부인회의 훈련부 주임을 맡고 있었다.

좌우합작의 전통 이어나가   김구는 1944년 3월 옌안에 있는 조선독립동맹 주석 김두봉에게 편지를 보냈다. 김두봉은 답신을 보냈다.

"지역과 파벌을 불문하고 성심단결하고, 서로 연락을 취하여 압록강에서 군대를 조직할 수 있다면 내가 나서서 알선하겠다."

광복군과 조선의용군을 압록강에 집결시켜 국내진공작전을 펴자는 것이다.

김구는 1945년 4월 국무위원 장건상을 김두봉에게 보내 대한민국임시정부와 조선독립동맹의 연합전선을 모색하였다. 김두봉과 무정이 이끌고 있는 조선독립동맹과 조선의용군은 이미 상당한 무장병력을 갖추고 있었다. 장기휴가를 내고 비밀리에 시안을 거쳐 옌안으로 간 장건상은 김두봉을 만나 해외 항일세력의 대표자가 충칭에 모여 연합전선 구축에 대해 협의하자고 제안하였다. 김두봉도 연합전선에 동의하고 충칭으로 가겠다고 약속하였다. 옌안의 행사에서 김구를 명예주석단에 추대하거나, 행사장에 쑨원·장제스·마오쩌둥과 함께 김구의 초상화를 내걸 정도로 조선독립동맹은 대한민국임시정부와의 연합을 필요로 하고 있었다.

| OSS 특수훈련을 앞두고

| OSS 훈련을 마친 대원들

한편 김일성은 소련 하바롭프스크에 주둔하던 시기에 중국 공산당원을 통해 대한민국임시정부와 합작하기를 희망하는 편지를 김구에게 보냈다. 이 편지는 해방이 될 때까지 김구에게 전달되지 않았다. 김일성 부대가 어느 시점까지 만주에 근거지를 두고 국내 진공을 시도하였는지는 북한 정권에 상당히 민감한 사안이다. 대게릴라전을 벌인 간도특설대는 1938년부터 1943년까지 안투현安圖縣에서 동북항일연군과 전투를 벌였지만, 1944년 초에는 러허성과 허베이성으로 파견되어 중국 공산당 팔로군에 대한 공격에 가담하였다. 즉 1944년 초에는 안투현에 더 이상 국경을 위협하는 규모의 게릴라부대가 존재하지 않았다는 뜻이다.

충칭·옌안·중국 동북부 또는 소련령의 한인무장세력이 하나로 합쳐 국내진공작전을 벌이는 역사적 사건은 일어나지 않았다. 그렇지만 대한민국임시정부가 출범부터 마지막까지 통일전선 정부 수립이라는 원칙을 지켜 나갔다는 점은 높은 평가를 내릴 수 있다. 독립운동 역사에서 1919년 9월 노령·상해·한성 임시정부의 통합, 1927년 국내에서 벌어진 신간회 운동, 1935년 결성 직후의 조선민족혁명당, 1942년 초부터 1945년까지 유지된 좌우합작 정부의 경험은 해방 60여 년이 지나도록 남북 분단을 극복하지 못하고 있는 우리 민족에게 소중한 경험이다.

비록 해방정국에서 극과 극을 거부한 김구(1949. 6. 26 피살)와 여운형(1947. 7. 19 피살), 김규식(납북되어 1950. 12. 10 사망) 등이 정치적으로 좌절하였지만 이들이 선택하였던 길은 분단시대의 극복을 위해 결코 포기할 수 없는 가치임에 틀림없다.

1943년 11월 미국의 루스벨트 대통령, 영국의 처칠 총리, 중국의 장제스 주석은 이집트 카이로에서 회담을 가졌다. 3국 정상은 "한국민이 노예상태에 놓여 있음을 유의하여 '적절한 시기에(in due course)' 한국이 자유롭고 독립된 국가가 되어야 한다"고 결정하였다.

대한민국임시정부는 이러한 결정을 환영하면서 연합국의 일원으로 전쟁에 참여하려 하였다. 대한민국임시정부는 1944년 10월 국내 공작을 위한 기구로 국내공작위원회를 설치하였다. 안중근 의사의 막내동생 안공근의 사위인 한지성韓志成이 대장을 맡고, 조선민족혁명당원이 주축이 된 인면전구공작대 9명은 1943년 8월 영국군 총사령부가 있는 인도 캘커타에 도착해서 훈련을 받고 다음해 초 영국군에 배속되었다. 이들은 버마와 인도의 접경지역인 임팔(Impal)에서 일본군을 향한 방송, 문서 번역, 전단 제작, 포로 신문 등을 담당하다가 1945년 9월 충칭으로 귀대하였다.

1945년 5월부터는 한인 청년 50명이 미군과 함께 국내진공작전을 위한 OSS 훈련에 들어갔다. 8월 4일 훈련이 끝난 대원들은 잠수함을 타고 국내로 진입하여 거점을 마련하고, 각종 공작과 무장활동을 전개하려 하였다.

김의한은 1942년 9월 한국독립당 조직부 주임을 거쳐 1944년 6월부터는 한국독립당 선전부 주임으로 활동하였다. 당의 조직과 선전분야 실무를 잇따라 맡았으니 당무의 대부분을 관장한 셈이다. 1944년 6월에는 대한민국임시정부 외무부의 외교연구위원을 맡았으며, 1945년 5월부터는 광복군 정훈처 선전부 과장을 맡아 기관지인 『광복군』을 만들었다. 이렇게 바쁘다 보니 1942년 무렵부터는 대한민국임시정부 렌

화츠 청사에서 1km 떨어진 한국독립당 당사의 2층방에서 살고, 투차오 한인촌에는 가끔 들렀다.

1943년 5월 8일 충칭에서 한국독립당 제3차 전당대표대회가 열렸는데 정정화와 김의한도 이 대회에 당 조직의 대표로 참석하였다. 홍진·유동열·조완구·조소앙·양우조·이상만·김관오·이준식·송면수·심광식·김자동金滋東·김응만·송철·최상철·안훈 등 대표 17명 중에서 여성은 정정화가 유일하였다. 한국독립당이 상향식 당 조직을 원칙으로 삼았기 때문에 투차오에 거주하는 당원들을 대표해서 정정화가 참석한 것이다.

이 자리에서는 당과 정치·군사에 관한 토론과 민족의 단결문제에 관한 방법이 논의되었다. 이 대회를 통해서 지난 3년간 김구가 맡아오던 당 중앙집행위원장을 조소앙이 맡게 되었다. 김의한은 중앙집행위원과 중앙상무위원으로 선출되었다(한국독립당은 1945년 7월 열린 제4차 전당대표대회를 통해 김구 위원장·조소앙 부위원장 체계를 갖추었다).

한국독립당의 당헌 제3조는 전당대표대회를 '당의 최고권력기관'으로 명시하고 정책과 제도의 규정, 당강·당책·당헌·당규의 개정, 예결산의 심사, 중앙집행위원과 중앙집감執監위원 선출 등의 권한을 부여하였다. 한국독립당은 당헌에 '민주주의 중앙집권제'를 채택한다고 명시하였다. 이에 따라 조직계통은 구당부 당원대회 – 면面당부 대표대회 또는 당원대회 – 군郡당부 대표대회 – 도道당부 대표대회 – 전당대표대회의 5단계로 이루어졌다. 전당대표대회는 도당부와 중앙직속 특별당부에서 파견한 대표로 구성되었다. 해방 전 한국독립당이 이런 조직체계를 제대로 갖추지는 못하였지만 상향식 당 조직이라는 원칙을 분명히 한 것이다.

후동의 중국군 입대 소동 | 1944년 가을, 열일곱 살이 된 후동이 한인사회에 훈훈한 화제를 불러왔다. 당시 중국 국민당 군대는 대다수가 문맹자였다. 20세 청년이 초등학교에 재학하고 있어도 학생이라는 이유로 병역이 면제됐으니 군대는 가난한 사람이 주로 갔다. 군벌 수준을 벗어나지 못한 일부 지휘관은 처첩을 가마에 태우고 전쟁터로 나갔다. 이 해 10월 국민당 정부는 연말까지 학생지원병 10만 명을 뽑기 위한 선전을 대대적으로 펼쳤다. 제국주의 침략전쟁을 분쇄하기 위한 중국 청년들의 열기는 뜨거웠다. 한 달 만에 30만 명이 지원을 하였다.

이때 후동은 충칭에서 100km 떨어져 있는 장진현江津縣에 있는 국립 제9중학교 3학년에 다니고 있었다. 김규식의 둘째 아들 진세鎭世와 김홍일의 큰아들 극재克哉도 이 학교에 다녔다. 어느 날 극재에게서 후동이 자원입대를 하였다는 전보가 왔다. 몸이 약하고 체중이 적게 나가는 후동은 친구에게 대리 신체검사를 부탁하고, 부모의 동의서까지 가짜로 제출하여 합격을 한 터였다. 정정화와 김의한이 달려가 1년 후 광복군에 넣어주겠다는 약속을 하고 후동을 집으로 데려왔다.

후동은 복교를 하지 않고 한국독립당 당사에 기거하면서 신문스크랩이나 문서정리와 같은 당무를 도우며 고급중학교 진학을 준비하였다. 정정화는 1945년 초여름부터 당사에서 살며 김의한의 일을 도와주기도 하였다. 당사 바로 옆에는 임시의정원 사무실이 있었고 의장 홍진이 그곳에서 자취를 하였다. 당시 한국독립당 당사를 찾아오는 한인들이 많았다. 정정화와 김의한은 이들과 전쟁이 어떻게 돌아가는지, 조국의 장래가 어떻게 될 것인지에 대해 이야기를 나누었다.

일제의 패망이 눈앞에 보이고 조국의 광복이 한걸음 한걸음 다가오고 있었지만 정정화 가족의 생활은 날이 갈수록 어려워졌다. 대한민국임시정부에서 현미쌀을 일괄 구입하여 한인들의 집으로 배달해 주고, 국무위원이나 직원들은 공무원으로서 적지만 월급을 받고 가족수당과 자녀학비도 지원을 받았으나 생활고를 겪었다. 1944년 9월 기준으로 충칭에 거주하던 어른 354명 중 100명이 공무원이었다. 이들은 중국 정부의 지원으로 근근이 생활을 할 수 있었지만 물가가 살인적으로 뛰었기 때문이다. 1944년 4월 1800원이던 쌀 한 말 값이 6월에는 3700원으로 폭등하였다. 채소와 땔감 값도 뜀박질을 하고 닭고기 가격은 4년 만에 32배나 치솟았다. 1944년 6월 외무부 외교연구위원으로 발령 난 김의한은 급여규정에 따르면 월급 900원과 부인·아들의 생활비 1410원을 합쳐서 2310원을 받을 수 있었다. 급여가 인상된 11월부터는 750원이 늘어 3060원을 받을 수 있었다. 봉급 전부로도 쌀 한 말조차 살 수 없었던 셈이다.

10
조국에 돌아왔지만 꿈은 이루지 못하고

"왜놈이 항복했다."

중국에 있던 한인들은 역사적 사건을 이렇게 표현하였다. 우리의 힘으로 독립을 찾아서 "우리가 이겼다. 나라를 찾았다"고 외친 것이 아니었다. 정정화는 우리 민족이 주체적으로 독립을 쟁취하지 못한 것이 너무나 안타까웠다. 수년 전부터 일본군에 대항하여 효과적인 유격전을 펼쳐야 한다고 생각했지만 그런 꿈은 끝내 이루어지지 않았다. 정정화는 독립을 염원하면서 항일투쟁에 뜨거운 피를 뿌린 투사들이 없었다면 이 같은 순간이 오지 않았을 것이라고 위안을 삼았다. 일본의 항복으로 우리 민족의 운명이 어떻게 될지 온갖 생각이 꼬리를 물었지만 설레고 기쁘고 벅차오르는 감정만은 감출 수 없었다.

김구는 "하늘이 무너지는 듯한 일"이라고 하였다. 무기와 통신장비, 식량과 위조신분증까지 갖추고 국내진공작전을 기다리고 있던 광복군으로서는 땅을 치고 한탄할 일이었다. 정정화도 이것이 아쉽기만 하였다. 조금만 시간이 있었더라면 광복군이 조국에서 일본군과 전투를 벌일 수 있었을 것이다.

　광복군 단독으로 국내에 들어가는 것이 어렵다면 조선의용군과 함께 하면 되지 않는가? 만주나 소련에 있는 형제들도 있지 않은가? 이념을 떠나서 모두가 독립을 위해 공통의 적인 일본 제국주의와 싸우지 않았는가?

　해방의 기쁨은 한순간이었다. 불투명한 조국의 앞날을 생각하면 초조하기만 하였다. 9월 15일 김의한은 교민 선무를 위해 먼저 상하이로 떠나고 정정화와 후동은 충칭에서 한 달 여를 더 머물다 투차오 한인촌으로 돌아갔다. 이 무렵 후동은 충칭의 한 극장에서 미군의 서울 진주 장면을 담은 뉴스를 보았다. 미군이 조선총독부 건물에 걸린 일장기를 내리는 장면을 보며 눈물이 날 정도로 감격한 후동은 이어서 하늘로 올라가는 깃발이 태극기가 아니라 성조기여서 크게 아쉬웠다.

　조국에서 들려오는 소식은 한결같이 정정화의 마음을 아프게 하고 가슴을 답답하게 만들었다. 남한에 진주한 미군이 일제의 식민통치에 협력한 친일 관료나 경찰을 그대로 기용하였다는 소식에는 울분이 치밀어 올랐다. 일제 패망 후 한 달 동안 들려온 소식들은 조국의 독립을 헛되게 만드는 것이 아닌가라는 생각이 들 정도로 절망스러웠다.

　"서신 연락조차 닿지 못했던 중원 대륙에 흙바람이 휘몰아칠 때, 손가락같이 굵은 빗줄기가 천형인 듯이 쏟아져 내려와 가슴을 갈갈이 찢어 놓을 때, 그래서 서글프고, 그래서 쓸쓸할 때마다 늘 생각이 사무치던 곳, 그곳이 내 나라였다. 내 조국이었다. 그렇게 조국은 항상 마음속에 있었다. 어린아이가 집 밖에 나가 놀 때도 어머니는 늘 집안에 계시

大韓民國臨時政府返國紀念
大韓民國二十七年十一月三日

| 충칭 대한민국임시정부 청사 앞 임시정부 요인

듯이 조국은, 잃어 버렸던 조국은 그렇게 있었다."

  그 조국에서 친일파들이 다시 활개를 치고, 그 조국이 강대국의 신탁
통치에 들어갈지 모른다니 얼마나 비통했겠는가.

전쟁난민의 초라한 귀국　　　　해방은 되었지만 대한민국임시정부
　　　　　　　　　　　　　요인과 대가족의 귀환은 순탄하지
않았다. 이미 38선이 그어진 상태에서 한반도의 정국은 급박하게 돌아
가고 있었다. 누가 먼저 고국행 비행기를 타느냐는 이후 한반도의 세력
판도 형성에 결정적 영향을 미치는 요인이었다. 그 해 9월 김원봉은 우
톄칭에게 중국군을 따라 비행기로 동북지역으로 가서 조선으로 들어가
게 협조해 달라고 부탁하였다. 대한민국임시정부 안에서는 '법통'을 강
조하는 한국독립당과 귀국 후 좌우합작에 기초한 임시연합정부론을 주
장하는 조선민족혁명당 사이에 논쟁이 벌어지고 있었다.

  1945년 11월 5일 주석 김구, 부주석 김규식, 국무위원 이시영, 통수
부 참모총장 유동열, 문화부장 김상덕, 선전부장 엄항섭과 수행원 9명
을 포함한 귀국 1진 15명은 중국 정부가 제공한 비행기를 타고 충칭을
출발해 상하이에 도착하였다. 김구는 상해한국교민협회 주최로 홍커우
공원에서 열린 환영회에 운집한 6000여 동포에게 인사를 하였다. 김구
일행은 상하이에서 18일을 대기한 후 11월 23일에야 미군 수송기를 타
고 김포공항에 도착하였다.　미국은 '임시정부'가 아니라 '개인 자격'의
환국을 주장하였다. 환국비용을 제공한 장제스도 '개인 자격'의 환국을

| 해방 후 충칭을 떠나 상하이에 도착한 임시정부 요인들(1945)

요구하였다.

　2진 19명은 기상관계로 12월 2일 군산비행장에 착륙하였다. 의정원 의장 홍진, 군무부장 김원봉, 재무부장 조완구, 외무부장 조소앙, 법무부장 최동오, 내무부장 신익희와 국무위원 8명, 수행원 5명을 합쳐 19명이다.

　1945년 12월 8일 임시정부 주회駐華대표단이 작성한 교민 명부를 보면 충칭 457명, 시안 40명, 청두成都 17명, 쿤밍昆明 21명을 합쳐 중국 관내지역에 535명이 살고 있었다. 남자가 250명이고 여자가 285명이다. 1944년 8월 기준으로 대한민국임시정부가 관리하던 전체 한인은 395명이었다. 인원이 이렇게 늘어난 것은 중국군에 포로가 된 한국인 출신 일본군과 중국 관내로 끌려왔던 위안부 여성들이 포함됐기 때문이다.

정정화는 간간이 들려오는 고국소식에 답답해진 가슴을 달래며, 중국에서 태어나고 자란 아이들에게 조국에 대해 알고 있는 이야기를 들려주는 것으로 위로를 삼았다.

윤기섭은 임시정부의 한인생활위원회 위원장으로 마지막까지 충칭에 남아 대가족의 귀국을 준비하였다. 윤기섭은 1937년 11월부터 다음 해 3월까지 민족전선 계열 가족들을 이끌고 난징에서 창장을 따라 충칭까지 온 적이 있다. 해가 바뀌고 1월 중순, 충칭과 투차오·난안 일대에 사는 한인들에게 귀국 준비를 하라는 연락이 왔다. 1월 16일 한인 225명을 태우고 앞머리에 태극기를 꽂은 버스 6대가 상하이를 향해 출발하였다. 3000km나 되는 긴 행로였다. 윤기섭·신영삼申榮三·이두산李斗山·강창제姜昌濟·임의탁林義鐸 등이 일행을 인솔하였다. 정정화 모자도 이 버스를 탔으며, 일본군에 끌려왔던 위안부 30여 명도 동행하였다.

충칭과 투차오에서 따로 출발한 대가족은 이날 오후 5시 반 치장에서 만나 중국 여행사가 운영하는 깨끗한 초대소에서 묵었다. 이들은 겨울해가 짧아 오전 5시에서 7시 사이에 출발해서 오후 4시쯤 숙소에 드는 식으로 이동을 하였다. 1월 17일은 바이마白馬에서, 18일은 펑수이彭水에서 쉬었다. 전날 저녁 도적떼가 몰려들어 여객들이 탄 버스를 습격하였다는 소식이 들렸다. 한인들은 남자들이 창가에 앉고 귀중품을 감추는 등 두려움 속에서 만약의 사태에 대비하였다. 19일은 첸장黔江에서 밤을 지내고, 20일은 룽탄龍譚에서 쉬었다. 대가족은 산길을 벗어나 평

| 대한민국임시정부 요인 환국 시민환영대회

야지대로 들어서 21일은 쒀리所里에서, 23일은 타오위안桃源에서 쉬었다.
타오위안은 바로 '무릉도원'이다.

8일 동안 육로여행을 끝낸 대가족은 24일 오전 9시 목선을 타고 타
오위안을 출발해 창더常德에 도착하였다. 25일은 기선이 와서 목선을 끌
어주어 오후 5시에 작은 포구에 도착하였지만 여관이 없어서 많은 사람
들이 배 안에서 밤을 보냈다.

26일엔 오전 6시 반 기선이 끄는 목선을 타고 둥팅후洞庭湖를 가로질
러 오후 4시쯤 위안장沅江에 도착하였다. 둥팅후는 중국 제2의 담수호로
총면적이 3915km²에 이른다. 27일에는 갈 길이 멀어 오전 5시에 출발
하였지만 오전 10시쯤 여울을 만나 대가족은 배에서 내려 걸었다. 오후
4시 반쯤 예정하였던 대로 펑린탄澎林灘에 도착하였지만 며칠 전에 마을
이 불에 타 버려 대가족이 묵을 만한 곳이 없었다. 폭우가 심해 배를 띄

우지 못하고 며칠을 쉬다 31일 다시 출발해 웨양丘陽에 도착하였다. 둥 팅후를 빠져나오는 데 6일이나 걸린 것이다. 이들은 더구나 난방이 되 지 않는 목선 안에서 한겨울 매서운 추위로 큰 고통을 겪었다.

다음 목적지는 한커우로 하루하고 반나절이면 갈 수 있는 거리였지 만 둥팅후를 빠져나오자마자 역풍을 만나 배가 제자리를 맴돌았다. 준 비해온 식량마저 바닥난 상태였다. 우여곡절 끝에 2월 2일 아침 일찍 한커우에 도착하였는데 이날은 음력으로 새해 첫날이었다. 중국인 가게 모두가 문을 닫아버려 또 끼니를 걸러야 할 처지였는데 다행히 한커우 에 사는 한인들이 찾아왔다. 대가족은 한인들 집에 짐을 풀고 쉬었다.

한커우 지방정부의 도움을 받으며 10여 일을 쉰 대가족은 2월 15일 오후 3시쯤 기선을 타고 한커우를 떠났다. 한커우에서 난징까지는 물길 이 순조로워 2월 18일 오후 6시쯤 난징에 도착하였다. 대가족의 일부는 계속 배를 타고 상하이로 가기로 하고, 정정화 가족과 김순애(김규식의 처) 가족은 기차를 이용해 2월 19일 상하이로 들어갔다. 충칭을 떠난지 한 달여 만이었다. 1932년 4월 29일 윤봉길 의사의 의거 이후 상하이를 허겁지겁 탈출한 지 13년 만에 제자리로 돌아온 것이다.

김규식의 맏아들인 진동의 처가 역으로 마중을 나왔다. 그는 충칭에 서 한인들에게 의술을 베풀었던 임의탁의 딸이다. 김의한은 그 날 기차 역에 나오지 못하였다. 바쁜 일이 있어서였다지만 정정화로서는 섭섭한 마음을 지울 수 없었다. 진동의 집에서 하룻밤을 지낸 정정화 모자는 다 음 날 김의한을 만나 일가인 김인한金仁漢의 집으로 갔다. 김의한으로부 터 고국에서 찬탁과 반탁의 갈등이 고조되고, 38선도 고착화될 조짐이 있다는 이야기를 들은 정정화의 가슴은 답답하기만 하였다. 귀국 후의 모든 게 불투명한 상황에서도 대가족은 3월 1일 상해한국교민협회가 대광명극장에서 개최한 3·1절 기념행사에 참석하였다.

고국으로 돌아오지 못하는 김가진

정정화는 하루빨리 시아버지의 무덤을 찾고 싶었지만 김의한은 중국 당국과 교섭하는 업무를 맡아 하루종일 바쁘게 다녔다. 3월 초순에야 정정화 일가는 만국공묘에 묻힌 시아버지 김가진의 무덤을 찾았다. 유난히도 화창한 봄날이었다. 그때까지만 해도 묘역은 잘 관리되어 있었고 '동농김가진선생지묘'라는 한자 묘비도 깨끗하였다. 타국에서 온갖 고초를 겪은 부부와 자동은 무덤 앞에 꿇어앉아 울고 또 울었다. 작은 몸 안에 그렇게 많은 눈물이 들어 있었는지, 그 많은 눈물을 어떻게 참아 왔었는지, 울기만 하였다. 열한 살에 결혼을 하였고, 스무 살에 망명생활을 시작해서 이제 마흔일곱 중년이 되었고 자식도 낳았다. 이 길을 이끌어준 시아버지에 대한 원망은 없었다. 오히려 가르침을 다 실천하지 못한 회한이 컸다. 정정화는 울면서 시아버지에게 감사를 드렸고 죄를 빌었다. 만 26년 동안 겪은 고초는 시아버지 앞에서 한순간에 사라졌다. 70대에 혁명의 대열에 나섰던 시아버지의 큰뜻이 어렴풋하게나마 느껴졌다.

묘소를 돌아서며 정정화는 마지막으로 다짐을 하였다.

"아버님, 저희는 곧 고국에 발을 디딥니다. 아버님을 함께 모시는 것

이 순서이겠으나 사정이 여의치 못한 탓
으로 우선 저희가 먼저 아버님께서 물려
주신 독립 조국의 하늘을 부끄러운 낯으
로나마 대하게 되었습니다. 돌아가는 대
로 곧 차비를 챙겨 아버님을 다시 뵙고
모시기로 하겠습니다. 저희 곁에 이렇
게 서 있는 청년이 바로 아버님의 손입
니다. 아버님이 남기신 가르침이 헛되지
않게 애서 가르치고 키웠다고 자부하기
도 합니다. 이제 그 손이 아버님의 나라

| 동농 김가진 묘비

섬기시던 그 뜻을 받들어 삼천리 강토의 앞날을 지킬 수 있도록 저희 미
력을 다 하겠습니다."

하지만 이날 성묘가 마지막이 될 줄은 정정화 부부는 상상도 하지 못
하였다.

해방된 지 65년이 넘도록 김가진의 유해는 고국으로 돌아오지 못하
고 있다. 1960년대 문화대혁명 때 비석조차 파괴되어 이제는 무덤의 위
치도 찾을 수 없다. 만국공묘 일대는 쑨원의 부인인 쑹칭링의 능원으로
바뀌어 성역과 같은 곳이다. 능원 어딘가 잔디밭 아래에 김가진의 유해
가 묻혀 있고 사람들은 그 위를 무심히 밟고 다니고 있을 것이다. 김가
진의 후손들은 여러 차례 김가진의 독립유공자 서훈을 신청하였다. 한
국 정부의 도움 없이 가족의 힘만으로는 김가진의 유해를 찾을 길이 없
기 때문이다.

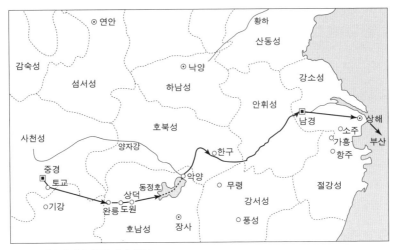

| 정정화 일가 및 임정 가족들의 귀국행로

　김가진의 수훈을 반대하는 주장 중 대표적인 것은 "1906년 11월 의병장 민종식이 공주에서 체포될 당시 김가진이 충청남도관찰사로 있었다"는 것이다. 그러나 민종식이 이끈 의병과 전투를 벌이고, 민종식을 체포한 주체는 일본군 헌병과 경찰이었다. 민종식閔宗植은 명성황후의 척족으로 1906년 5월 충청남도 홍주에서 거병하여 초기에는 상당한 전과를 올렸으나 11월 일진회원의 밀고로 일제에 체포되었다. 법부대신 이하영의 주선으로 사형을 면하였으며, 순종이 즉위한 뒤 진도珍島로 종신 유배되었으나 한 달 지나 황제의 특사로 풀려났다. 이 과정에서 김가진은 관할지역에서 체포된 민종식을 중앙의 명령에 따라 서울로 압송하였을 뿐이다. 황현이 『매천야록梅泉野錄』에서 김가진의 관군에게 민종식이 체포됐다고 한 것은 사실과 다르다.

일제의 문서는 "……(민종식이) 오랫동안 그 종적이 묘연하다가 우리 헌병과 경찰관이 주도한 수색에 의해 11월 20일 공주군 탑산리(대교 동방 약 1리)에서 포박되었다"고 기록하고 있다(조선주차군사령부, 『조선폭도토벌지』, 1913. 3, 19~22쪽에서 인용).

3·1운동 이후 비밀결사인 조선민족대동단 총재를 맡았고, 대한민국임시정부가 '국로'로 예우한 김가진에 대한 정부 차원의 합당한 평가는 아직까지 내려지지 않고 있다.

상하이로 몰려드는 피난민들 │ 상하이에는 일본군에 의해 전쟁터로 끌려왔던 징병자와 위안부들이 고국으로 돌아가기 위해 몰려들고 있었다. 1946년 한 해 동안 중국 관내에서 귀환선을 탄 사람은 2만 5000명에 달하였다. 대한민국임시정부 대가족도 특별대우를 기대할 수 없어 뿔뿔이 흩어져 형편껏 귀환선에 올랐다.

1946년 3월 3일 법무부장 최동오의 가족과 문화부장 김상덕의 가족이 포함된 한인 5000명이 귀환선 5척에 나누어 타고 상하이를 출발하여 3월 8일 부산에 도착하였다.

3월 18일에는 조소앙과 신익희의 가족 등 대한민국임시정부 요인과 가족 백수십 명이 포함된 한인 3337명이 미국 함선 윌리엄 맨손호를 타고 상하이를 떠나 3월 22일 부산항에 도착하였다.

4월 24일 윤기섭과 양우조 가족 등을 포함한 한인 3287명은 미군

| 구제를 기다리는 피난민

| 류저우 낙군사 앞의 각 지역 피난민

LST선 Clnatan Clay호에 승선하였다. 이들은 하루종일 내린 비에 젖은 몸으로 배에서 밤을 보냈다. 25일에도 배는 출발하지 않았다. 26일 아침에야 배가 고국을 향해 출발하였다. 28일 이른 아침 멀리 한라산이 보였다. 상하이를 출발한 지 사흘 만인 29일 배는 부산에 정박하였다. 하지만 전염병 검역을 이유로 5월 2일 아침 10시쯤에야 상륙 허가가 났다. 한인 3300명을 싣고 광둥을 출발해 5월 2일 부산항에 입항한 배에서 콜레라 환자가 발생해 사망자 1명과 위독 환자 6명이 발생하는 등 환자가 속출하여 부산항에는 검역이 강화되고 있었다. 난민수용소에서 이틀 밤을 보낸 양우조 가족은 4일 기차를 타고 5일 새벽 서울에 도착하였다.

정정화 가족은 5월 9일 미군 LST선에 올라탔다. 승선인원의 상당수는 일본군에 끌려온 징병자들이었다. 미군 입장에서 보면 똑같은 난민이고 '거지떼'였을 뿐이다. 그래도 내가 살던 조국으로 돌아간다고 생각하니 어떤 모멸도 참을 수 있었다. 김의한은 27년, 정정화는 16년 만의 귀국이었다. 자동은 서너살 때 어머니 품에 안겨 잠시 들렀을 뿐이니 태어나서 처음으로 대하는 조국인 셈이었다. 정정화 가족과 김인한 가족이 배에 타고 보니 최석순의 가족이 마침 옆에 앉았다. 김원봉의 처 최동옥은 돌도 안 된 아이 중근을 업고 있었다.

이들은 5월 12일 부산항에 도착하였지만 콜레라 검역을 이유로 바다 위에서 사흘을 더 보냈다. 젊은이들이 욕지거리를 퍼붓고 아우성을 쳤지만 미군정의 상륙허가 없이는 고국땅에 한 발도 내디딜 수 없었다. 나라를 잃고 20여 년 동안 대륙을 떠돌았어도 그 사흘만큼 지루하고 딱한

157

신세는 아니었다. 미군의 손짓에 따라 배에서 내린 정정화 가족이 처음으로 들어간 곳은 난민수용소였다. 미군들은 주사를 맞기 위해 일렬로 선 난민들의 옷 속에 살충제 DDT를 마구 뿌렸다. 통관이 끝나고 부산에서 화물차를 탔다. 기차가 서는 역마다 경찰들이 올라와서 반말을 하며 설쳐댔다. 불과 몇 달 전까지 일제의 침략전쟁과 식민통치에 협력한 바로 그 말단순사들이었다. 너무나 뻔뻔스러운 그들의 모습이 보기 싫어서 기차가 서면 몇몇 사람은 아예 눈을 감아버렸다.

기차는 5월 17일 저녁 서울에 도착하였다. 역에서 하루종일 기다리던 작은시동생 각한이 잠시 식사를 하러 가는 바람에 길이 엇갈려 아무도 반기는 사람이 없는 쓸쓸한 귀향이 되고 말았다. 날이 어두웠는데도 거리에 가로등 불빛이 거의 없어 불길한 느낌마저 들었다. 마차에 짐을 싣고 주소만 들고 찾아간 혜화동 74번지 시댁에는 시어머니와 시누이가 기다리고 있었다. 우선 다급한 건 말이 아니었다. 손이라도 붙잡고 몸 성히 살아 있는지 확인하는 것이었다.

귀국 직후 친척 친지들이 줄을 이어 혜화동 집을 찾아왔다. 이들 중에는 한때 정정화를 냉소와 푸대접으로 대한 사람도 있었다. 김의한이 한국독립당 간부이니 무언가 한 자리를 할 가능성이 있다고 보고 찾아오는 것 같아서 정정화의 마음은 그리 편치 않았다. 사실 김의한도 정치에 뜻이 없었고, 정정화도 주부로서의 역할이나 충실하게 하리라 마음먹고 있었다. 그래도 독립이 완전히 이루어지지 않은 상태에서 한국독립당을 중심으로 무언가 일을 하는 것은 당연하다고 생각하고 있었다.

귀국 후에도 김구는 한국독립당 간부들의 생계를 책임졌다. 한독당의 최고의결기관인 중앙상무위원회 위원 13명 중 한 명인 김의한도 김구가 한 달에 한 번씩 주는 1만 원을 쑥스럽고 죄스러운 마음으로 받았다. 김구가 중국을 떠날 때 장제스에게 받은 20만 달러가 이렇게 쓰인 것으로 보인다.

고국에 돌아왔지만 정정화 일가의 살림은 여전히 궁색하여 미국에서 들여온 사료용 옥수수로 끼니를 해결하였다. 1년 가까이 시동생 각한의 집에서 지냈지만 중견화가인 그도 여섯이나 되는 자식을 부양하기에 힘이 부쳤다. 정정화 가족은 근처에 셋집을 얻었다. 하지만 1년 사이에 세 번이나 이사를 다녔다. 이도 어려워 혼자 사는 큰시누이 정원의 돈암동 집에 들어가 1년 정도 신세를 졌다.

단독정부의 감찰위원 자리 거절

김의한은 성격이 꼼꼼해서 중국에 있을 때 모든 일을 기록하고 독립운동 관련 자료를 잘 챙겼다. 그는 귀국할 때 그것을 가져왔다. 1947년 1월 독립운동역사자료수집위원회가 만들어졌다. 누가 보아도 그 일의 적임자는 김의한이었다. 1949년 6월 16일 한국독립당은 중앙집행위원회·감찰위원회 회의를 열어 부서를 개편하였다. 김의한은 중앙집행위원으로서 독립운동사료조사위원장을 맡았다.

1948년 2월 김구는 '삼천만 동포에 읍소한다'는 단독정부 수립 반대 성명을 발표하였다. 이어서 김구·김규식·조소앙·조완구·조성환·홍명희洪命憙·오화영吳華英 등이 참여한 7인 공동성명이 나왔다. 성명문은

| 귀국 1주년(1947), 외아들 후동은 보성중학교 5학년에 재학 중

홍명희가 초안을 잡고, 조소앙이 가필하였다. 김의한은 서명을 받으러 다녔다. 중국에서 김구와 생사를 같이한 이시영은 단독정부 수립을 지지하는 입장이어서 서명에 참여하지 않았다. 2월 6일 김의한은 생일을 맞아 중국에서 함께 지내던 동지들과 국내에 있던 친구들을 점심식사에 초대하였다. 그러나 단독정부 수립을 지지하는 사람들은 한 명도 오지 않을 정도로 오랜 동지들 사이에 감정의 골이 깊어지고 있었다. 그 해 4월 19일 김의한은 남북협상 대표단의 일원으로 김구·조소앙(이상 한독당), 김규식(민족자주연맹) 등과 함께 평양에 갔다가, 가시적인 성과를 얻지 못한 채 5월 5일 귀경하였다. 끝내 5월 10일 남한만의 단독선거가 치러졌으며 남북협상파들은 모두 불참하였다.

대한민국임시정부 출신 중에서 지청천과 신익희는 이승만과 함께 대한독립촉성국민회 소속으로 제헌의회에 진출하였다. 김상덕은 민족통일본부 소속으로 경북 고령에서 당선되었으며 반민족행위특별조사위원회 초대 위원장으로 활동하였다. 이시영도 단독정부에 참여해 부통령으로 선출되었다.

해방 후 정정화는 정치에 직접 몸을 담지는 않았지만, 김의한이 한독당에서 활동하는 등 주변 상황 때문에 정치에 관심을 두지 않을 수 없었다. 이런 정정화에게 정부조직에 참여하지 않겠느냐는 제안이 들어왔다. 어느 날 이시영으로부터 긴밀히 만나 나눌 이야기가 있다는 연락이 왔다. 대한민국임시정부에서 활동하던 모든 사람의 예측에서 벗어나 단독정부에 참여한 이시영과 정정화 부부의 관계가 다소 불편한 상황이어서 정정화는 그 이유를 짐작하기 어려웠다. 서로 안부를 묻고 이런 저

| 김구선생 서거 12일전 효창공원 3의사 묘전에 찍은 기념사진(1949. 6. 14)

런 얘기 끝에 이시영은 일거리를 하나 맡아 보지 않겠느냐는 제안을 하였다. 이시영이 부통령을 맡은 것도 뜻밖이지만 정정화에게 공직사회의 부정부패를 감시하는 기구인 감찰위원회 감찰위원을 맡으라는 제안도 의외였다. 이시영은 신생 국가의 부정부패를 막기 위해 감찰위원회를 만들면서 역사학자 정인보鄭寅普에게 위원장을 맡겼다. 이 감찰위원회의 후신이 현재 감사원이다. 이시영으로서는 20년 이상 지켜봐온 정정화의 사람 됨됨이를 잘 알고 있기 때문에 그런 핵심자리를 추천한 것이다. 정원 8명인 감찰위원의 임기는 5년이며 연임할 수 있었고, 당시 공무원 보수규정을 보면 도지사와 같은 금액의 봉급을 받았다.

하지만 단독정부 수립을 반대하는 정정화로서는 그런 제안을 받아들이기 힘들었다. 정정화가 난색을 표하자 이시영은 당장 수락 여부를 결정하지 말라면서 거듭 재고할 것을 당부하였다.

예의상 생각해 보겠다는 대답을 하고 자리에서 일어섰지만 다시 생각할 필요도 없는 제안이었다. 정정화는 반쪽짜리 정부에 들어가 일을 하는 것은 민족적 죄를 범하는 짓이라고까지 생각하고 있었다. 집에 와서 김의한과 의논한 결과도 마찬가지였다. 며칠 후 이시영을 찾아가 거절의 뜻을 분명하게 밝혔다.

정정화가 거절한 감찰위원 자리에는 여성으로서 제자에게 정신대 지원을 독려한 경력이 있는 박순천朴順天과 독립운동에 몸 담았던 박현숙朴賢淑이 임명됐다. 1952년 10월에는 유각경兪珏卿이 이 자리에 앉았다. 유각경은 일제강점기에 중추원 참의와 도지사를 지낸 유성준兪星濬의 장녀로, 애국금차회 간사와 조선임전보국단 부인대 지도위원을 지낸 친일인물이다. 유각경은 해방 후 자유당 정권에 참여하여 3·15부정선거를 기획·집행한 혐의로 4·19혁명 뒤 재판에 회부되어 징역 3년을 선고받고 복역하였다.

"인간만사 새옹지마人間萬事 塞翁之馬"

정정화는 이 말을 늘 가슴 한편에 담아두고 살았다. 사람의 일이란 잘되고 잘못되고를 따질 것이 아니라, 옳은 것인지 그른 것인지를 먼저 헤아려야 한다는 것이다.

1949년 6월 26일 어떠한 바람에도 흔들리지 않았던 거목 김구가 쓰러졌다. 2주일 전 자동(후동에서 해방 후 개명)이 보성중학교를 졸업할 때 김구가 참석하여 축사를 하면서 자동을 가리키며 "내 친자식이나 다름

없는 학생"이라고 각별한 정을 표시하였으니 정정화 가족에게 그의 죽음은 위대한 민족지도자의 죽음이자 가족과 같은 사람의 죽음이었다. 빈소에서 며칠 밤을 지새운 정정화는 소복을 입고 마지막 가는 김구의 뒤를 따랐다.

김구를 저격한 안두희가 현역 육군 장교였기 때문에 헌병사령부가 사건을 담당하였다. 그러나 광복군 출신인 장흥 헌병사령관이 문책 해임되고 전봉덕이 그 자리에 앉았으니 진상이 제대로 밝혀질 것 같지 않았다. 전봉덕은 1939년 일본 고등문관시험 행정과와 사법과에 연달아 합격한 후 군수나 판검사로 진출하지 않고 경찰직을 선택해서 경찰서장급인 경시까지 승진한 인물이다. 해방 전에 경기경찰부 수송보안과장으로 근무하며 일제의 전쟁 수행에 적극 협력하였다. 일제강점기에 조선인으로서 경시 자리까지 올라간 사람은 105명에 불과하였고, 해방 당시에 조선인 경시는 28명뿐이었다. 전봉덕은 해방 후 국군에 참여해서 육군 대령으로 헌병사령관을 맡았다. 이런 상황이니 제대로 된 수사를 기대하기는 어려웠다.

11

동족간의 전쟁에 설 곳이 없었다

1950년 5월 30일 제2대 국회의원 선거가 치러졌다. 한국독립당은 여전히 선거불참 입장을 고수하였지만 남북협상파 중에서 일부는 새로운 정당을 만들거나 무소속으로 원내에 진출하였다. 관권선거가 판을 치는 가운데서도 무소속 당선자가 전체 정원 210명의 60%인 126명이나 되고, 여당인 대한국민당과 제1야당인 민주국민당이 각각 24석에 그칠 정도로 기존 정당이 참패한 선거였다. 조소앙·조시원 형제는 사회당 후보로 나서 함께 당선되었다. 윤기섭과 장건상은 무소속으로 당선했으며, 원세훈은 민족자주연맹 소속으로 나서 일제강점기에 각종 친일단체에서 활동한 윤치영尹致暎을 꺾었다. 장건상은 옥중에서 당선 소식을 들었다.

북으로 끌려간 김의한 ┃ 혼탁한 선거의 여진이 채 가시기도 전인 6월 25일 새벽, 한반도는 전화에 휩싸였다. 그때 정정화 가족은 도렴동(현재 세종문화회관 뒤편)의 지인 집에 방 하나를 얻어 살고 있었다. 27년간 사선을 넘나든 정정화 부부에게는 따로 전쟁터가 있고 피난처가 있을 수 없었다. 부부는 서울에 남았다. 정정화는 6월 28일 아침, 전날 밤 늦게 배달된 신문에서 '국군의정부 탈환'이라는 기사를 읽었다. 27일에는 대통령 이승만이 서울 시민에게 안심하라는 방송까지 했으니 정정화는 그런 기사를 그대로 믿었다. 그러나 이미 서울은 인민군이 점령하고, 정부는 한강교를 폭파하고 한강 이남으로 피신한 상태였다.

7월에 연합군이 부산에 상륙하였다는 소식이 들려왔다. 동족끼리의 살상도 안타까운데 외국 군대까지 끼어들었다는 소식에 정정화의 가슴은 쓰리기만 하였다.

9월 20일쯤 정정화의 집에 건장한 청년들이 찾아왔다. "김 선생님, 소앙 선생 댁에서 모임이 있으니 함께 가시죠. 모시러 왔습니다."

이미 9월 15일 유엔군이 인천에 상륙한 상황이었기 때문에 북으로 끌려가는 것이라는 불안감이 정정화의 가슴을 파고 들었지만 달리 막을 방법이 없었다. 청년들을 따라나서는 김의한의 발길이 마냥 무거워 보였다. 그 길로 김의한과 함께 대한민국임시정부에서 활동하였던 김붕준·조소앙·조완구·엄항섭·최동오·박건웅·유동열·김규식·윤기섭 등이 북으로 끌려갔다.

그나마 다행이라면 김의한이 납북된 직후 자동이 귀가한 일이다. 자동은 8월 초 의용군으로 끌려가서 탈주하다 몇 시간 만에 붙잡혀 다른 의용군 부대에 편입됐는데, 중병에 걸린 것으로 위장하여 9월 20일 무렵 집으로 돌아왔다. 아들을 본 정정화는 남편을 잃은 것도 잠시 잊을

| 6·25전쟁 중 서울에서

정도로 기뻐하였다.

김의한이 떠난 후 당장 생계를 꾸려나가는 것이 급하였다. 돈벌이 될 만한 것을 찾아다니다 보따리에 헌옷가지들을 주워 모아 머리에 이고 나섰지만 자신이 상술과 거리가 먼 사람이라는 것만 확인하는 데 그쳤다. 자동도 벌이를 찾아서 시장 바닥을 누비고 다녔지만 신통치 않았다.

국민을 속이고 도주했던 사람들이 9·28 서울수복 이후 개선장군처럼 돌아와 서울에 남았던 시민들을 죄인 취급하면서 괴롭힌 일을 정정화는 평생 잊지 못하였다.

1·4후퇴 때도 정정화는 시어머니를 모시고 서울에 남았다. 서울에 남았다가 한 번 곤욕을 치렀던 사람들은 너도나도 피난보따리를 쌌다. 하지만 정정화는 전쟁을 그저 담담하게 받아들였다. 오랫동안 피비린내 나는 전쟁과 피난 자체가 일상생활이었기에 조바심이나 불안감도 없었다. 남편도 없고 아들은 미군부대 안에서 일거리를 얻어 따로 살고 있었다. 더구나 일흔네 살의 시어머니와 아들 같은 조카 김석동이 맡겨놓은 두 살짜리 손녀를 데리고 달리 갈 데도 없었다.

어느 날 정정화는 혹시나 하고 납북된 안재홍의 집에 들렀다. 넓은 대지에 반 양식으로 지은 안재홍의 집에는 북한 기관이 들어와 있었다. 안채로 들어서니 안재홍의 부인이 혼자 집을 지키고 있었다.

"아니 어쩐 일이세요? 피난 안 나가셨어요?"

"혹시 그 분의 소식이 있을까 해서 혼자 남았어요. 김흥곤金興坤이라고 아시지요? 그 사람이 지금 여기 이북 기관에서 일하고 있어요. 혹시 바깥분 소식을 알지도 모르지요. 한번 만나보시겠어요?"

김흥곤은 전쟁 직전까지 조소앙의 비서였다. 김흥곤은 자신이 안재홍·김의한과 평양까지 동행하였다면서 남편의 소식을 전해주었다.

"무사합니다. 크게 걱정하지 않으셔도 될 겁니다."

그 후 안재홍 부인을 만나러 그 집을 몇 차례 드나들었다. 김흥곤과도 두어 차례 마주쳤지만 긴 이야기를 나누어 본 적은 없다.

텅 빈 서울에 남아있던 정정화는 당시 심정을 한시로 남겼다.

철옹성

한강가는 철옹성같이 요새화되었고	漢江邊境鐵甕城
역사에 듣지 못한 참변이 이는구나	有史未聞極慘事
텅 빈 시내에는 쌓인 눈이 겹겹인데	空城積雪數餘尺
세상일 돌아봄에 소매에 젖는 눈물.	回顧世事淚萬襟
자식들은 남쪽으로 피난길 떠났고	子輩避難下南行
남편으로 북쪽으로 잡혀갔구나.	夫君爲虜北方去
며느리도 밥벌이로 집 떠났으니	子婦爲食離家中
남느니 몇 집의 늙은이와 아이들이	
다가올 일들만 기다리고 있을 뿐	幾家老弱惟待事
날마다 폭격하는 그곳이 어디인가	爆擊地方日何處
그곳 역시 내 나라 계림땅이 아닌가.	亦是鷄林我國土
낮과 밤이 따로 없는 비행기 소리	日夜不是飛機聲
동족 상쟁으로 피과 살이 튀는구나.	同族相爭血초出
눈내린 밤 밝은 달이 창가를 비추는데	雪夜明月照我窓

콩알만한 등불 아래 누더기를 깁나니   如豆燈下縫破衣
세 살배기 손녀는 무릎 위에서 놀고   三歲孫女膝下戲
팔십 노모 아랫목에 잠들어 있네.   八十老母坎下睡

1951년 2월 10일 유엔군과 국군이 다시 서울로 들어왔다. 4월 하순 휴가를 얻어 집으로 무사히 돌아온 자동을 안고 한참 동안 울고 나서야 그동안 지낸 일을 물어볼 정신이 들었다. 모자 사이에 놓인 죽음이라는 높은 장벽이 치워진 것만 같았다.

"부산하고 대구에서 어머니를 얼마나 찾았는 줄 아세요? 난 피난 나오셨는 줄로 알았잖아요."

"만났으니 되었다."

9월 초 안재홍의 집에서 만난 적이 있던 김선근이라는 여인이 찾아왔다. 그녀가 북으로 가지 않고 서울에 남았다는 사실을 그때 처음 알았다. 그녀는 자신이 쫓기고 있다며 종잡을 수 없는 말을 늘어놓다 돌아갔다.

김선근이 다녀간 지 며칠 후 정정화는 종로경찰서로 연행되었다. 죄명은 '부역죄'였다. 간첩혐의를 받고 있는 김선근을 만났다는 이유였다. 김흥곤과 만났던 것도 부역이라고 하였다. 종로경찰서 문턱을 넘어설 때 마음이 갈갈이 찢어지는 것 같았다. 29년 전 독립자금을 마련하기 위해 압록강을 넘다 일경에 체포되어 종로경찰서로 압송되었던 그녀가 억울하게 부역죄로 다시 같은 곳에 끌려오는 수모를 당하였기 때문이다.

정정화는 알고 있는 것을 모두 말하였고, 숨길 것도 없었다. 담당 수사관도 그걸 수긍하는 눈치였다. 하지만 부역죄 혐의자를 쉽게 풀어줄

사회 분위기가 아니었다. 부역이라는 멍에가 씌워지면 기소되고, 유죄 판결을 피할 수 없었다. 경찰 중에는 손찌검까지 하는 자도 있었다. 정정화의 신분을 알고는 더욱 골탕을 먹이겠다며 대드는 자도 있었다. 해방 후 일제의 경찰인력과 잔재를 그대로 넘겨받은 대한민국 경찰의 태생적 한계가 드러난 셈이다.

해방 후 김원봉이 수도경찰청에 연행된 적이 있다. 일제 때 악질 고등계 형사였던 수사과장 노덕술盧德述이 수갑을 채워 수도경찰청장 장택상 앞으로 끌고 갔다. 장택상과 노덕술에게 수모를 당한 김원봉은 3일 밤낮을 울었다고 한다. 이 소식을 들은 정정화도 세상이 잘못되어 가고 있다면서 몹시 분개하였는데, 정정화도 똑같은 꼴을 당한 것이다.

수도경찰청장 장택상도 일제 잔재에서 자유롭지 못한 인물이었다. 장택상의 아버지 장승원張承遠은 경상북도 제일의 부자 소리를 들었으나 1917년 박상진朴尙鎭이 이끄는 광복회에서 요구한 군자금을 거절해 처형당하였다. 장승원의 둘째아들 장직상은 조선총독의 자문기구인 중추원의 참의를 지냈다. 장택상은 장승원의 셋째아들이다.

노덕술은 친일경찰에서 반공경찰로 변신한 대표적 인물이다. 1920년 6월 경상남도에서 일제의 순사로 임명되어 1928년 10월 동래경찰서 경부보로 재직할 때 신간회 동래지부 간부로 활동하던 박일형朴日馨을 체포해 고문하였으며, 같은 해 겨울 혁조회革潮會 관련자인 김규직金圭直 등을 체포해 고문하였다. 김규직은 고문 후유증으로 옥사하였다. 노덕술은 수많은 학생과 독립운동가를 체포·고문하여 악명이 높았다. 1932년 7월 경부로 승진하였고, 1941년 6월 종로경찰서 사법주임으로 근무하였다. 1943년 9월 경시로 승진해 평안남도경찰부 수송보안과장으로 근무하며 일제의 침략전쟁에 적극 협력하였다. 해방 후에도 계속 경찰에 남아 있다가 1946년 9월 수도관구경찰청 수사과장에 임명되었다. 1948년 7월 수도경찰청장 장택상 저격 혐의로 체포된 박성근朴聖根을 고문치사한 후 시신을 한강에 투기한 혐의로 조사를 받다가 일시 석방되자 도주하였다. 1948년 10월 수도경찰청 수사지도과장 최난수崔蘭洙와 함께 친일파 처리에 적극적인 반민특위의 핵심인물인 김상덕·김상돈金相敦 등 15명을 암살하려 한 혐의로 1949년 1월 반민특위에 체포되었다. 이후 헌병으로 전직하여 중령으로 재직 중 1955년 뇌물수수 혐의로 파면되었다.

단심재판으로 중형 선고 | 서대문형무소, 수많은 독립투사들이 갇히고 옥사한 그곳의 마룻바닥은 차가웠다. 햇빛도 들어오지 못하는 음습한 공간에 악취가 가득 차 있었다. 모든 게 서러웠다. 덜컹거리는 철창 소리가 한 달 동안 정정화를 괴롭혔다. 무엇이 그토록 서럽냐고 질책하는 소리 같았다. 김자동이 소식을 듣고 달려왔지만 모자는 철창을 사이에 두고 눈물만 흘렸다.

다행히 이병린李丙璘 변호사가 변론을 맡아주었다. 이병린은 1940년 조선변호사시험에 합격하여 변호사 활동을 시작하였으며, 훗날 유신시대에 인권변호사로 활동하였다. 정정화는 투옥된 지 한 달 만에 생면부지의 20명과 함께 법정에 섰다. 정정화를 기소한 근거는 1950년 6월

25일 대통령 이승만이 공포한 '비상사태하의 범죄처벌에 관한 특별조치령'이었다. 우리 헌법상 최초인 대통령 긴급명령 제1호였다. 재판은 증거도 생략할 수 있었고, 특히 단심제로 끝났으니 명백한 위헌이었다. 정정화가 검사의 논고를 들어보니 피고들에게 공통점이 있었는데, 그것은 1·4후퇴 때 후퇴하지 않은 것이었다.

당시 서울지방법원 판사였던 유병진은 이런 저런 핑계를 대며 무죄를 여러 건 선고하였다. 1958년에 진보당사건 1심 재판장을 맡아 "진보당은 불법결사가 아니며 국헌을 위배하지 않았다"는 판결을 남기기도 한 유병진은 훗날 저서를 통해 "부역을 하여서는 안 된다고 하기보다는 부역을 할 환경을 만들어주지 말라. 일단 후퇴할 때라도 국민을 속이지 말고 피난할 여유를 주라"고 하였다.

그날 오후 정정화는 집행유예로 석방되었다.

이 특별조치령 중 제9조 단심제를 규정한 조항에 대해 1952년 9월 헌법위원회는 헌법상 모든 국민은 법률이 정한 절차에 의하여 재판을 받을 권리가 보장되어 있다는 이유로 위헌 결정을 내렸다.

출옥 직후에 쓴 한시 「옥중소감」은 당시 정정화의 비통하고 참담한 심정을 잘 말해준다.

아직껏 고생 남아 옥에 갇힌 몸 되니   餘苦未盡入獄中

늙은 몸 쇠약하여 목숨 겨우 붙었구나   老軀衰弱句息存

혁명 위해 살아온 반평생 길인데   半生所事爲革命

오늘 이 굴욕이 과연 그 보답인가   今日受辱果是報

국토는 두 쪽 나고 사상은 갈렸으니	國土兩斷思想分
옥과 돌이 서로 섞여 제가 옳다 나서는구나	玉石交叉各自是
철창과 마룻바닥 햇빛 한 점 없는데	鐵窓地板無日光
음산한 공기 스며들어 악취를 뿜는구나	陰氣襲入惡臭生
하루 두 끼가 한줌의 보리며	一日兩餐一椈麥
일어서고 앉음이 호령 한마디에 달렸네	起居動作依號令
깊은 밤 찬 바람에 마루에 누웠는데	深夜寒氣臥板上
가을이 늦었어도 걸친 건 삼베옷뿐.	菊秋之節尙麻衣
옥리들의 소행이 우습기만 하나니	獄吏所行亦可笑
입 벌리면 사람에게 욕이나 퍼붓네	開口言所辱人家
손들어 하는 짓은 채찍질이 고작이니	擧手所作加鞭達
나하고 전 삼생에 무슨 원한이 있단 말인가	與我無有三生怨

정정화를 가두었던 특별조치령은 4·19혁명이 일어나고 민주당 정권
이 들어선 1960년 10월에 가서야 비상사태하에서 가혹한 형벌로 국민
의 인권을 유린하였다는 이유로 폐지되었다. 아울러 형이 확정된 사람
에게 재심의 기회를 주기 위하여 형사사건임시조치법이 제정되었다.

이런 것은 모두 먼 훗날의 일이었고, 이승만 정권하에서 정정화는
'요시찰인물'이었다. 시민증 뒷면에는 '요要'자가 찍혔다. 요시찰 인물이
된 정정화는 이따금 관할 경찰서에 출두해 동정을 보고해야만 하였다.
요시찰 명단에 오른 사람은 시도 때도 없이 예비검속 대상에 올랐다.

1952년 12월 미 대통령 아이젠하워가 방한했을 때 정정화도 예비검속을 당하였다.

6·25전쟁은 정정화 집안에서 많은 것을 빼앗아갔다. 정정화보다 여덟 살 아래 동생인 정숙화는 언니의 권유로 진명여중에서 신학문을 배웠다. 사진작가 조원형趙源衡과 결혼하여 서울 안국동에서 살았다. 인민군은 서울을 점령한 후 서울신문사 시설을 이용하여 조선노동당의 선전지인 『조선인민보』를 발행하였는데 서울신문 사진부장으로 근무하던 조원형이 편집장을 맡았다. 조원형·정숙화 부부는 서울수복 후 국군에 붙잡혀 의정부에서 즉결처분되었다. 경기중학을 졸업하고 서울대 문리대 의예과에 재학 중이던 이들의 아들 성철은 의용군으로 입대하여 월북하였다.

한때 독립운동에 뜻을 두고 오빠를 찾아서 중국에 왔던 작은 시누이 김영원은 귀국하여 박무빈과 결혼하였다. 의사인 박무빈은 일제 말기 원산시 남쪽에 있던 석왕사로 이주하여 중앙의원을 열었다. 1947년에 김영원은 4남매 중 셋을 데리고 서울에 왔다. 영원은 병원을 처분하는 대로 다시 오겠다면서 큰아들 원희와 둘째 딸 년희를 정정화 집에 맡기고 업고 내려온 아기 보희만 데리고 북으로 갔다. 그러나 전쟁이 터지자 박무빈 혼자만 월남하였다. 결국 아버지와 남매는 남쪽에, 어머니와 다른 남매는 북쪽에 남은 이산가족이 되고 말았다.

화가인 시동생 김각한은 해방 후 오랫동안 실직생활을 하다가 한성여중의 미술 겸 체육교사로 취직하였다. 각한은 만능운동선수였는데 협성실업이 전국종합농구선수권대회에서 우승할 때 주전선수로 뛰었다.

백범의 장례식 때 앞에 있던 유화 영정은 각한이 그린 것이었다.

각한은 6남매를 데리고 늘 생활고에 시달렸는데 전쟁 중에 소식이 영영 끊겼다. 오직 큰아들 세동만이 1950년 7월 초 의용군으로 나갔다가 병을 얻어 집에 돌아와 정정화 가족과 재회하였다. 세동은 부산으로 피난을 가서 미군부대에 취직을 하였고, 그곳에서 사귄 미군의 호의로 유학을 가서 지금까지 미국에서 살고 있다.

원칙없는 세상에 절망하며 일기장 태워 | 정정화의 생활은 늘 어려웠다. 중국에서 귀국한 후 4년 동안 주거지를 여섯 차례나 옮겼으며, 전쟁 후 작고할 때까지 14곳이나 이사를 다녔다. 그 시절 서울에서 자기 집 없이 셋방살이를 한다는 것이 얼마나 서러운 일이던가.

정정화는 1956년에야 남편 김의한의 소식을 들을 수 있었다. 그 해 7월 광복군 출신으로 중국에서부터 잘 알던 사이인 북한방송 청취담당 부대장이 집을 찾아왔다.

"오늘 밤 9시 평양방송에서 방송이 있을 것이오. 들키지 않게 조심해 들어보세요."

정정화 가족은 그날 밤 숨을 죽이며 들은 방송을 통해 김의한이 북한에서 재북평화통일촉진협의회 위원이 되었음을 알았다. 대한민국임시정부 계열의 납북인사들은 1956년 7월 2일 평양 모란봉극장에서 재북평화통일촉진협의회를 결성하였다. 1948년 남쪽에서 결성하였던 통일

| 1960년대 초 서울에서

촉진협의회(주석 김구, 부주석 김규식)의 활동을 계속한다는 취지였다.

정정화는 이날 이후 더 이상 남편의 소식을 듣지 못하였다. 1990년 대한민국 정부가 김의한에게 건국훈장 중 3등급에 해당하는 독립장을 추서하여 정정화의 마음을 달래주었다. 후손들은 2002년에야 『민족21』 기자의 방북기사를 통해 김의한의 마지막을 구체적으로 확인할 수 있었다. 김의한은 1964년 10월 9일 평양시 동대원구역 숙소에서 사망하였다.

정정화는 오랫동안 일기를 써서 두툼한 노트 여러 권을 채웠다. 일기장의 첫머리에는 '아이가 태어나 첫울음을 울 때 그 아이의 일생을 누가 알겠는가'로 시작하여 귀하고 곱게 자란 어린 시절의 이야기도 남겨놓았다. 하지만 1973년 무렵 정정화는 이 일기장들을 마당에서 모두 불태웠다. 둘째 손녀가 울면서 말렸지만 "이런 걸 남겨서 무엇 하냐, 모두 부질없는 짓이다"라며 한 줌 재로 만들어 버렸다. 그때 비통한 심정이 어린 손녀에게 그대로 전달될 정도로 정정화는 원칙도 없고, 희망도 없는 세상에 무척 절망하고 있었다.

1972년 10월 17일 대통령 박정희가 장기집권을 위해 초헌법적 비상조치인 '10월유신'을 선포하고, 그 해 12월 27일 장충체육관에 통일주체국민회의 대의원들이 모여 제8대 대통령으로 박정희를 선출하는 등 유신독재가 기승을 부리던 암담한 시절에 일어난 일이다.

그러나 이사를 갈 때면 가장 먼저 챙긴 독립운동 관련 문서와 사진만큼은 고스란히 남겨두었다.

12
후손들이 잇고 있는 나라사랑의 한길

동족 간 전쟁은 정정화에게서 많은 것을 빼앗아갔다. 정정화는 이십
대 초반 칠흑 같은 밤에 쪽배로 압록강을 건너던 담력과 중국 대륙에서
늘 보여줬던 패기를 스스로 버렸다. 한 달 동안 보냈던 차가운 마룻바닥
이 정정화의 뜨거운 가슴을 싸늘하게 만들어 버렸다. 늘 자유와 민주와
통일을 이야기했지만 전쟁 때 입은 큰 상처는 영원히 지우지 못하였다.

정정화는 86세 때 백내장으로 한 쪽 눈을 실명한 뒤에도 돋보기에 확
대경까지 들고 책과 신문을 손에서 놓지 않았다. 여든일곱 나이에 해방
전후의 정세를 어떻게 볼 것인가에 대해 역사학자와 언론인들이 쓴 책
을 들여다보느라 밤잠을 설친 날도 있었다.

막내 손녀가 대학에 입학하여 신입생 오리엔테이션을 다녀와 전한 말
은, "학교에서 나라 걱정 사회 근심도 자기 자신이 다치지 말고 몸이 성
해야 할 것인즉 알아서 각별히 몸조심하라고 하였다"는 것이었다.

정정화는 그저 아무 말 없이 손녀의 말만 들었다. 생각 같아서는 "그
래? 그럼 너는 어떻게 할테냐?"라고 묻고 싶었다. 무엇이 옳고 그른가

를 떠나 학생들에게 꼭 그런 식으로 교육을 시킬 수밖에 없는지 안타깝기만 하였다.

가족과 이웃에게 헌신하는 삶

사회활동에는 한 발 거리를 두었지만 정정화는 남은 인생을 가족과 이웃에게 헌신하며 보냈다. 아침잠이 많고 건강이 안좋은 며느리가 잠에서 깰세라 먼저 일어나 조심조심 아침밥을 준비하였다. 늦게 일어난 며느리가 무안해하지 않도록 마음을 세심하게 썼다. 아무리 살림이 어려울 때도 거지가 오면 그냥 돌려보내지 않았다. 어린 손녀가 "할머니, 배고픈 게 뭐야?"라고 묻자, "이것아, 배고픈 사람이 이 세상에 얼마나 많은데 그런 말을 하니"라고 답하였다. 평범하지만 가슴 깊숙이 각인되는 이런 말 하나하나가 손녀의 성장에 큰 영향을 미쳤다.

다른 사람이 필요로 하는 게 자신에게 있으면 나눠주는 게 정정화의 삶이었다. 아들이 홍콩에 다녀오는 길에 사다준 숄을 걸치고 나갔다가 중국에서 함께 지내던 사람이 참 좋다고 하자 그냥 벗어준 일도 있었다. 정정화의 병구완이나 산바라지는 남들이 생각하는 그런 수준이 아니었다. 김의한과 가장 친한 친구였던 엄항섭의 부인(연미당)이 몸이 편치 않자 문병을 가서는 소매를 걷어붙이고 빨래와 청소부터 하였다. 엄항섭의 딸들이 아기를 낳으면 산바라지를 맡아서 하였다. 엄항섭의 둘째딸(엄기순)이 아기를 낳자 아예 그 집에서 1년이나 살면서 아기를 키워주었다. 친정오빠 정두화의 손녀가 폐결핵을 앓자 거리낌 없이 1년 동안 그

| 1938년 7월 광저우 아세아여점 옥상에서 정정화 가족과 민영구(우측)

집에 기거하면서 병구완을 하고 아이들을 돌보았다.

　직장생활을 하는 며느리를 대신해서 손자손녀를 키웠으며, 작고 직전까지 증손자를 돌보았다. 헌신적 사랑을 받고 자란 손자·손녀들은 할머니가 돌아가신 후 오랫동안 충격에서 헤어나지 못하였으며, 묘소에 다녀와야 마음이 편해질 정도였다.

　평생 다른 사람을 힘들게 하거나, 마음을 상하게 하지 않고 이웃에게 사랑을 베푼 정정화의 영향을 받아 후손들도 나라사랑과 이웃사랑의 정신을 이어나갔다.

　정정화 일가는 4대에 걸쳐 민족사랑을 실천하였다는 점에서 한민족의 운동사에서 독보적인 위상을 갖고 있다. 구한국의 대신 출신으로

| 대학재학 중 김자동

서 중국에 망명하여 무장투쟁노선을 지지하였던 1대 김가진, 이념대립을 넘어서 민족의 통합을 강조하였던 2대 김의한·정정화 부부에 이어 그 후손들도 민족사랑의 길을 걸었다. 이승만 독재정권의 몰락, 군사쿠데타와 유신독재, 5·18 광주민중항쟁 등 격변하는 사회를 고스란히 지켜보며 늘 민족과 통일을 걱정한 정정화의 영향이 컸다.

　　3대 김자동은 1949년 9월 서울대학교 법대에 진학하였다가 전쟁으로 학업을 중단하였다. 미군부대에 취업하여 생계를 꾸려나가던 그는 1954년 6월 기자 공채 1기로 조선일보에 입사하였다. 정부 발표나 받아쓰는 게 싫증이 나서 4년 만에 기자직을 버리고 개인사업을 시도하였으나 신통치 않았다. 1955년 김숙정과 결혼을 하여 3녀 1남을 두었다.

　　김자동은 1961년 2월 13일 『민족일보』가 창간되자 다시 기자로 일하였다. 『민족일보』는 남북협상과 교류, 민족자주통일 추진 등을 주장하는 진보적 신문이었다. 『민족일보』는 5·16군사쿠데타 직후인 5월 19일 지령 92호를 끝으로 강제 폐간되고 사장 조용수는 교수형을 당하였다. 훗날 민주화가 되자 김자동은 민족일보진상규명위원회 위원장을 맡았다. 이후 잠시 『대한일보』 기자와 미국 맥그로우·힐·월드뉴스의 통신원으로도 일하였다. 이때 쿠데타 세력이 주축이 된 민주공화당의 창당에 참여하여 대변인을 맡으라는 유혹이 있었지만 민주정부를 쿠데타로 전복하였을 뿐 아니라 무고한 사람들까지 처형한 집단에 가담하기 싫어 거절하였다.

출세의 길을 박차고 고난을 자초한 김자동은 영어와 중국어를 밑천삼아서 사업을 하려고 베트남으로 갔다. 당시 베트남의 상권은 중국인이 장악하고 있었으므로 2개 국어 구사 능력이 많은 도움이 되었다. 작은 성공을 거두기도 하였지만 베트남전쟁이 확대되고 한국군이 파병되자 '전쟁상인'이 되는 것 같아서 베트남에 더 머물고 싶지 않았다. 이때 얻은 수입으로 1960년대 후반 처음으로 자기집을 가졌지만 귀국 후 사업이 여의치 않아서 오래 가질 못하였다. 1980년대 후반에야 서울 양천구 신정동에 연립주택을 마련하여 노모를 자기집에서 모실 수 있었다. 부인 김숙정은 취직을 해서 자녀교육에 큰 힘을 보탰다.

김자동은 어렸을 때부터 잘한 영어실력을 살려 브루스 커밍스의 『한국전쟁의 기원』, 크루프스카야의 『레닌의 회상』, 『모택동전기 1~4』, 『고요한 돈 강』, 전두환의 음모를 다룬 스티브 쉐건의 『죽인 자는 죽는다(원제 The Circle)』 등을 번역하였다. 1984년 12월 『죽인 자는 죽는다』때문에 출판사 사장과 함께 연행되어 구류 10일 처분을 받기도 하였다. 김자동은 1998년 자동차부품회사인 (주)재이스를 창업하였다. 2004년 9월에는 대한민국임시정부기념사업회를 조직해 회장을 맡았다.

김자동·김숙정 부부는 김진현·김선현·김준현(남)·김미현 3녀 1남을 두었다. 정정화는 말년에 손녀들이 민주화운동과 노동운동에 투신해서 또 다른 방식으로 나라사랑을 실천하는 것을 믿고 지켜보았다. 첫째 손녀 진현은 오랫동안 건강보험심사평가원 노동조합 위원장을 지냈으며 노조활동을 계기로 만난 곽태원과 결혼하였다. 곽태원은 현대해상노조 위원장과 사무금융노동조합연맹 위원장을 지냈다. 둘째 손녀 선현은 호주계 웨스트팩 은행에서 근무하다 1987년 노동조합을 만들었다. 하지만 은행은 노조 자체를 인정하려 하지 않았다. 선현은 이 은행에서 일상화된 민족차별·남녀차별·권위주의 철폐를 위하여 싸웠다. 선현과 준현은 (주)재이스를 (주)오토로 개명하여 중견 자동차 부품업체로 키웠다.

분단과 전쟁 속에 쓰러진 임정 요인들

대륙을 전전하며 조국 광복의 꿈을 잃지 않았던 많은 어른들과 동지들이 하나 둘 세상을 떠났다. 혹은 전쟁 중에 헤어졌다. 정정화는 해마다 이동녕의 기일인 3월 13일과 김구의 기일인 6월 26일이면 아들과 함께 효창공원을 찾았다. 정정화를 딸이나 동생처럼 예뻐하였던 김구·이동녕을 비롯해 조성환·차리석과 이봉창·윤봉길·백정기 세 의사의 유해가 이곳에 모셔져 있기 때문이다. 정정화는 그러나 중국 대륙에서 희망과 좌절을 함께하였던 김의한과 많은 어른들, 동지들을 만날 수 없는 것을 안타까워 하였다. 특히 시아버지의 유해를 모셔오지 못하는 것을 언제나 죄스러워 하였다.

1982년 대한민국 정부는 뒤늦게 정정화에게 건국훈장 중 5등급에 해당하는 애족장을 수여하였다. 정정화를 아는 사람들은 공적이 지나치게 낮게 평가되었다는 이야기를 하곤 하였다. 1987년 정정화는 자전을 남겼다. 아들 자동은 '어머님의 투쟁기'라고 했지만 정작 본인은 싱겁기 짝이 없다고 하였다. 머릿속에 박혀 있고 가슴속에서 지워지지 않는 것들을 구술하였다. 기억력이 예전 같지 않았지만 오래전에 일어난 사건과 사람과 상황에 대해 놀라운 기억력을 보여주었다. 남기고 싶은 말의 반도 풀어내기 전에 백내장 수술 탓인지 정신이 혼미해져 사흘 밤낮을 꼬박 누워 지낸 적도 있다.

| 김의한 묘지

정정화는 1991년 11월 2일 운명하여 대전 현충원 애국지사 묘역에 안장(애지 제1-313)되었다. 노태우 대통령이 비서관을 보내 조문을 하였으며, 통합야당 민주당의 김대중 대표 최고위원도 비서를 보내 조화와 조의금을 전달하였다.

2006년 10월 1일 추석을 닷새 앞두고 남북 분단 이후 60여 년 만에 정정화의 후손들이 포함된 대한민국임시정부 요인 성묘단이 북한을 방문하였다. 손녀들은 대전 현충원에 안장된 정정화의 묘에서 가져온 흙을 김의한의 무덤에 뿌렸다. 열한 살에 만나서 소꿉동무로, 부부로, 동지로 살다 헤어진 지 56년 만에야 두 사람은 이렇게 다시 만났다.

남한의 국립현충원 격인 애국열사릉에는 임시정부 인사 7명이 안장되어 있다. 비문을 통해 대륙을 전전하며 조국 광복을 위해 노심초사하

던 정정화의 동지이자 어른들의 마지막 흔적을 확인할 수 있다. 유동열
은 1950년 10월 18일 자강도 희천 쌍방골에서 폭격으로 김규식은 1950
년 12월 10일 만포적십자병원, 조완구는 1954년 10월 27일 평양 대성
산구역 청암동, 조소앙은 1958년 9월 10일 평양 남산병원, 윤기섭은
1959년 2월 27일 평양에서 사망하였다. 엄항섭은 1962년 7월 30일 평
양에서, 최동오는 1963년 9월 16일 노환으로 사망하였다.

　평양시 용성구역 용궁1동에 있는 '재북 인사 묘역'에는 모두 63명의
남쪽 인사가 묻혀 있다. 김의한도 이곳에 잠들어 있다. 일찍이 일본 유
학 시절 2·8독립선언에 참여하였으며, 대한민국임시정부의 문화부장을
지냈고, 해방 후 초대 반민특위 위원장을 지낸 김상덕(1956. 4. 28 사망)은
대한민국임시정부 각료급으로는 유일하게 재북인사 묘역에 묻혀 있다.
이는 북한에서 고단하였을 그의 삶을 짐작하게 한다. 송호성宋虎聲(광복군
제2지대장, 1959. 3. 24 사망)도 이곳에 잠들어 있다. 정정화가 감옥에 가는
데 관련됐던 김흥곤도 이곳에 63번째로 묻혔다.

　임시정부 초기『독립신문』사장 겸 편집국장을 지냈으나 1921년 귀
국하여 변절과 배신의 길을 걸었던 이광수도 이곳에 묻혔다. 이광수는
1950년 10월 25일 지병인 폐결핵이 악화되어 병원으로 가던 도중 차안
에서 사망하였다.

　그러나 김원봉의 무덤은 혁명열사릉이나 재북인사의 묘 어디에도 없
다. 김원봉은 북한 정권에서 내각 국가검열상과 노동상, 최고인민회의
상임위원회 부위원장을 역임하였다. 김원봉은 1958년 말부터 북한 정
치무대에서 이름이 나오지 않았다. 남북 어디에도 그가 설 곳은 없었다.

조국 광복을 위해 대륙을 누비던 영웅들의 꿈은 이렇게 좌절되고, 이념으로 갈린 분단의 시대는 계속되고 있다.

역사에서는 강한 자만이 살아남는 것이 아니다. 강했을지라도 잘못된 길을 갔던 자들을 심판하고, 바른 길을 갔던 사람을 기리는 것이 역사이다. 정정화는 평생 동안 충실한 딸과 며느리의 길을, 근면한 아내와 어머니의 길을 걸었다. 묵묵히 걸어간 그 길이 바로 우리 역사의 바르고 큰 길이었다.

50대 초반 이후 이렇다할 사회활동을 하지 않았지만 정정화를 아는 사람들은 그녀가 중국 대륙에서 보여준 담대함과 지혜 그리고 나라사랑의 마음을 잊지 못했다. 동족 간의 전쟁이 그녀에게서 많은 것을 앗아갔지만, 남은 생애를 이웃에 대한 헌신과 배려를 미덕으로 알고 살았기 때문에 정정화의 자리는 언제나 컸다.

불의에 분노하고 주먹을 흔든다고 폭력의 아성이 무너지고 정의가 이루어지는 것은 아니다. 함께 일하는 사람들에 대한 예의와 배려, 겸손의 미덕이 없으면 목표를 달성하기도 전에 서로가 상처를 입고 쓰러진다. 정의가 사라진 자리에는 변절과 방관, 독선과 폭력이 남을 뿐이다.

정정화가 생전에 그토록 걱정한 민주주의와 남북 화해는 부침을 거듭하고 있다. 가진 자와 없는 자의 거리는 아득해지고 있다. 시대가 정정화에게 부여한 시간은 이미 흘러갔지만 정정화의 정신만큼은 영원해야 할 이유가 여기에 있다.

독립운동가 정정화의 삶과 자취

1900년   8월 3일   서울에서 정주영鄭周永과 김주현金周鉉 사이에 태어났다. 초명은 정묘희鄭妙喜

1910년   김가진金嘉鎭의 3남 김의한金毅漢과 결혼

1919년   10월   시아버지 김가진과 남편 김의한 상하이로 망명

1920년   1월   상하이로 망명, 정정화鄭靖和로 개명. 이시영 · 이동녕 · 김구 · 신규식 등 독립운동가들을 만남

1920년   3월   대한민국임시정부 활동자금 모집을 위해 1차 국내 잠입, 한밤중에 쪽배를 타고 압록강을 건너 탈출

1921년   봄   대한민국임시정부 활동자금 모집을 위해 2차 국내 잠입

1922년   6월   3차 국내 잠입하다 신의주에서 일경에 체포됨

1922년   7월 4일   시아버지 김가진, 망명지에서 사망

1922년   10월   일시 귀국, 근화학원에서 영어를 공부하며 미국 유학을 준비하였으나 친정아버지 사망으로 무산

1924년   12월   일시 귀국, 친정에서 6개월 체류

1926년   김의한이 영국인이 경영하는 버스회사인 공공기차공사에 취직하여 생계를 해결

1928년   외아들 김자동이 태어남

1930년   7월   아들을 데리고 일시 귀국, 6개월간 체류

1931년   12월   김의한이 김구가 조직한 비밀결사단체인 한인애국단에

	참여
1932년	5월 정정화 일가, 윤봉길 의사의 의거 후 저장성 자싱현으로 피신
1934년 봄~	중국 정부 공무원으로 취직한 김의한을 따라서 장시성
1938년	2월 펑청현과 우닝현에서 거주
1935년	9월부터 6개월간 난징에서 김구의 어머니 곽낙원을 모시고 생활
1935년	11월 김의한과 함께 한국국민당 창당 당원으로 참여
1936년	조카 김석동이 부모가 죽은 후 중국으로 와서 정정화 가족과 함께 살게 됨
1938년	2월 김의한이 중국 관청을 퇴직하고 후난성 창사에 있는 대한민국임시정부에 합류
1938년	7월 대한민국임시정부와 함께 광둥성 광저우로 이동, 이때부터 대한민국임시정부 안살림을 책임지며 독신 국무위원들의 수발을 맡음
1938년	11월 대한민국임시정부와 함께 장시성 류저우로 이동
1939년	4월 대한민국임시정부와 함께 쓰촨성 치장으로 이동, 청사 옆집에 기거하면서 독신 국무위원들 뒷바라지를 함
1940년	4월 우파연합의 한국독립당이 창당될 때 당원으로 참여, 김의한은 한독당 감찰위원으로 선출됨. 그 해 6월 한국독립당 산하단체인 한국혁명여성동맹 간사를 맡음.
1940년	8월 김의한이 광복군 창건에 참여해 정령(대령)을 맡음
1940년	11월 충칭 인근 둥칸에 대한민국임시정부 대가족과 함께 정착, 대한민국임시정부와 광복군의 대소사를 챙기며 아이들

	에게 민족의식을 심어주는 교육에 힘씀
1941년	10월 대한민국임시정부 산하에 3·1유치원이 설립되자 교사로 일함
1942년	9월 김의한이 한국독립당 조직부 주임에 취임
1943년	2월 한국애국부인회 집행위원 겸 훈련부 주임
1944년	6월 김의한이 대한민국임시정부 외무부 외교연구위원과 한국독립당 선전부 주임에 취임
1945년	5월 1일 김의한이 광복군 정령 겸 정훈처 선전과장으로 취임
1946년	4월 가족과 함께 귀국
1947년	3월 김의한이 독립운동사자료수집위원회 대표를 맡음
1948년	3월 김의한이 김구와 함께 평양을 방문, 남북협상에 참가
1948년	단독정부 수립 후 이시영 부통령이 감찰위원회 위원을 제의하였으나 거절
1946~1949년	김의한이 한국독립당 중앙집행위원이 됨
1950년	9월 김의한 납북
1951년	9월 「비상사태하의 특별조치령」(국회에서 위헌 결의) 위반으로 구속되었다가 집행유예 석방
1956년	7월 김의한이 북한에서 재북평화통일촉진협의회 위원에 이름을 올림.
1964년	10월 9일 김의한이 평양에서 사망
1982년	건국훈장 애족장 수훈
1987년	일대기인 『녹두꽃』 구술 집필
1990년	김의한에게 건국훈장 독립장 추서

1991년	11월 2일 운명해 대전 현충원 애국지사 묘역에 안장(애지 제 1-313)
1998년	8월 극단 민예가 건국50주년 기념공연으로 정정화의 일대기를 다룬 연극 「아, 정정화」를 연강홀에서 초연
1998년	8월 『녹두꽃』을 보완한 『장강일기』 출간
2001년	8월 국가보훈처가 정정화를 '8월의 독립운동가'로 선정
2001년	8~9월 극단 독립극장이 「아, 정정화」를 「치마」로 바꾸어 서울 대학로 문예회관 대극장에서 공연
2002년	8월 극단 독립극장이 일본의 도쿄와 오사카에서 「치마」 공연
2004년	6월 극단 독립극장이 충청남도 공주에서 「치마」 공연
2005년	10월 극단 독립극장이 「장강일기」라는 이름으로 세미 뮤지컬을 만들어 국립극장 달오름극장에서 공연
2006년	10월 대한민국임시정부기념사업회(회장 김자동)에서 재북 임시정부 어른들의 묘소 성묘(유가족 60명)

참고문헌

사료

- 『독립신문』, 『대한매일신보』, 『황성신문』, 『대동신보』, 『동아일보』, 『조선일보』, 『중외일보』, 『조선중앙일보』, 『매일신보』, 『신한민보』.
- 『新聞報』, 『申報』, 『大陸報』.
- 독립운동사편찬위원회, 『독립운동사 – 임시정부사』 4, 1972.
- 독립운동사편찬위원회, 『독립운동사자료집 – 임시정부사자료집』 7~8, 1973~1974.
- 대한민국 국회도서관 편, 『한국민족운동사료(중국편)』, 1976.
- 대한민국 국회도서관 편, 『한국민족운동사료(삼일운동편 其一, 其二, 其三)』, 1979.
- 추헌수, 『자료 한국독립운동』 1~3, 연세대학교출판부, 1971~1973.
- 대한민국임시정부, 『대한민국임시정부 공보』, 한국독립운동사연구소, 2006.
- 경상북도경찰부, 『高等警察要事史』, 1934.
- 한국농촌경제연구원, 『농지개혁시 피분배지주 및 일제하대지주명부』, 1985.

회고록·일기

- 정정화, 『장강일기』, 학민사, 1998.
- 양우조·최선화, 『제시의 일기』, 혜움, 1998.
- 김구 저(도진순 주해), 『백범일지』, 돌베개, 2003.
- 장준하, 『돌베개』, 세계사, 1992.
- 김준엽, 『장정』 1·2, 나남, 1987·1989.
- 구술 허은(기록 변창애), 『아직도 내 귀엔 서간도 바람소리가』, 정우사, 1995.

- 유자명, 『한 혁명자의 회억록』, 한국독립운동사연구소, 1996.
- 국가보훈처, 「김승곤」·「안춘생」, 『독립유공자증언자료집』1, 2002.
- 국가보훈처, 「김정숙」, 『독립유공자증언자료집』2, 2002.
- 독립기념관 소장, 「지복영 녹취록」.
- 독립기념관 소장, 「김자동 녹취록」.

단행본

- 1·20동지회중앙본부, 『1·20학병사기』, 1·20학병사기간행위 편집부, 1987.
- 강만길, 『20세기 우리 역사』, 창작과비평사, 1999.
- 강만길·심지연, 『우사 김규식 생애와 사상』1~3, 한울, 2000.
- 강성재, 『참군인 이종찬장군』, 동아일보사, 1986.
- 고원섭 편, 『反民族罪狀記』, 백엽문화사, 1949.
- 김광재, 『대한민국 임시정부의 민족혁명가 윤기섭』, 한국독립운동사연구소, 2009.
- 김광재, 『한국광복군 −한국독립운동의 역사 52』, 한국독립운동사편찬위원회·독립기념관 한국독립운동사연구소, 2007.
- 김삼웅, 『백범 김구 평전』, 시대의 창, 2004.
- 김위현, 『동농 김가진전』, 학민사, 2009.
- 김윤식, 『일제말기 한국인 학병세대의 체험적 글쓰기론』, 서울대학교출판부, 2007.
- 김학준, 『매헌 윤봉길평전』, 매헌윤봉길의사의거60주년기념사업추진위원회, 1992.
- 김희곤 외, 『제대로 본 대한민국 임시정부, 자주독립과 통합 운동의 역사』, 지식산업사, 2009.
- 김희곤, 『대한민국 임시정부 연구』, 지식산업사, 2004.
- 노경채, 『한국독립당연구』, 신서원, 1996.

- 박석분·박은봉, 『인물여성사』, 새날, 1994.
- 손과지, 『상해한인사회사 : 1910-1945』, 한울아카데미, 2001.
- 신동준, 『개화파 열전-김옥균에서 김가진까지』, 푸른역사, 2009.
- 염인호, 『김원봉 연구』, 창작과비평사, 1993.
- 우승규, 『나절로만필』, 탐구당, 1978.
- 장석흥, 『임시정부 버팀목 차리석 평전』, 역사공간, 2005.
- 한상도, 『대륙에 남긴 꿈-김원봉의 항일역정과 삶』, 역사공간, 2006.
- 『民族精氣의 審判』, 혁신출판사, 1948.
- 김학민·정운현 공편, 『친일파 죄상기』, 학민사, 1993.
- 白善燁, 『對ゲリラ戰 : アメリカはなぜ負けたか』, 原書房, 1993.
- A.H.새비지(신복룡·장우영 역), 『고요한 아침의 나라 조선』, 집문당, 1999.

논문

- 김성은, 「대한민국 임시정부와 여성들의 독립운동 : 1932~1945」, 『역사와 경계』 68, 부산경남사학회, 2008.
- 김성은, 「중경임시정부시기 중경한인동포사회의 생활상」, 『역사와 경계』 70, 부산경남사학회, 2009.
- 박용옥, 「일제시기 여성인물사연구의 현황과 과제」, 『한국인물사연구』 1, 한국인물사연구소, 2004.
- 신주백, 「만주국군 속의 조선인 장교와 한국군」, 『역사문제연구』 9, 역사문제연구소, 2002.
- 오영섭, 「동농 김가진의 개화사상과 개화활동」, 『한국사상사학』 20, 한국사상사학회, 2003.
- 유병호, 「대한민국임시정부의 안동교통국과 이융양행 연구」, 『한국민족운동사연구』 62, 한국민족운동사학회, 2010.
- 윤정란, 「일제 말기 한국광복군 여성대원들의 활동 양상」, 『여성학논집』 23-1, 이화여대 한국여성연구원, 2006.

- 윤정란, 「독립운동가 가족구성원으로서 여성의 삶」, 『한국문화연구』 14, 이화여대 한국문화연구원, 2008.
- 이명화, 「대한민국임시정부의 교육정책과 활동」, 『실학사상연구』 12, 무악실학회, 1999.
- 이배용, 「중국 상해 대한애국부인회와 여성독립운동」, 『이화사학연구』 30, 이화사학연구회, 2003.
- 이재호, 「소벽 양우조의 생애와 독립운동」, 『사학지』 36, 단국사학회, 2003.
- 이준식, 「대한민국임시정부와 여성 독립운동」, 『한국민족운동사학연구』 61, 한국민족운동사학회, 2009.
- 장석흥, 「조선민족대동단 연구」, 『한국독립운동사연구』 3, 한국독립운동사연구소, 1989.
- 장석흥, 「해방 직후 상해지역의 한인사회와 귀환」, 『제2회 귀환문제연구 국제학술심포지엄』, 국민대, 2003.
- 황묘희, 「대한민국 임시정부의 재정정책과 운영」, 『문명연지』 3-3, 한국문명학회, 2002.

찾아보기

대한민국임시정부의 안살림꾼 정정화

1판 1쇄 발행 2010년 11월 30일
1판 2쇄 발행 2020년 8월 15일

글쓴이   신명식
기 획   독립기념관 한국독립운동사연구소
펴낸이   주혜숙
펴낸곳   역사공간
         주소: 04000 서울특별시 마포구 동교로19길 52-7 PS빌딩 4층
         전화: 02-725-8806
         팩스: 02-725-8801
         E-mail: jhs8807@hanmail.net
         등록: 2003년 7월 22일 제6-510호

ISBN 978-89-90848-74-1 03900

역사공간이 펴내는 '한국의 독립운동가들'

독립기념관은 독립운동사 대중화를 위해 향후 10년간 100명의 독립운동가를 선정하여,
그들의 삶과 자취를 조명하는 열전을 기획하고 있다.